Money錢

Money錢

「教官，財報有問題！？」

看穿市場鬼故事
買到銅板好股

楊禮軒 著

用讓利美化財報
是什麼意思？

不懂遊戲規則，你只好等著被套牢！

為什麼有些公司
配息高於前一年的EPS？

金融操作推陳翻新
懂財報就不怕

　　等了6年，終於看到算利教官楊禮軒出新書，別想了，直接「下架」回家慢慢看，這6年你賺的錢超過1千本書了吧（我都賺了2萬本）。

　　買下書，來講一下我看到這本書的3大重點，因為某些關係，我跟健倫是第一手看到這本書的人，事實上我們倆見證了這本書所講的前瞻性（而不是回溯性）。

　　①建構自己的「股類債」投資組合：2022年股債雙跌，許多新手韭菜在年初最高點一次投入，結果受傷慘重，把未來幾年的薪水賠進去，接著半年的跌勢，許多被動投資者不是早就停扣，就是停損賣在6月最低點；另外有一些人，沒有依照被動投資所建議的分散全市場，重押單一國家——俄羅斯ishare指數基金，遇到俄烏戰爭造成無法交易，或是有些ETF納入3大

航海王後，近期注定走下坡，績效無法跟過去幾年比，這類受傷的例子比比皆是。

說到一般人有辦法執行的資產配置，不論是國外低成本股債配置因稅務影響實際費用率，還是鼎鼎大名的全天候資產組合（All weather portfolio），都在2022年遇到最強的逆風，吃到史上最糟的一段跌幅，資產配置長期是好的，但短期還是常常逆風，一般人有辦法忍住嗎？

楊教官在這本書提出了另一套資產配置方法，教你如何用股票建構自己的類債股投資組合，在逆風時勇敢加碼，在順風時讓獲利飛揚了結。

②教你選股標準：基本分析、技術分析、籌碼分析有各自的初階擁護者，這類財經書有些淺顯易懂，甚至很方便照表操課，但卻很少聽到有人因此致富，原因是即使回溯100分的系統規則，也不容易面對未知的將來，比如說誰能預測2020年會發生COVID-19？誰知道2022年俄烏會開戰？當這些未知的事件出現時，哪些公司能提供堅實的股息現金流，讓你有勇氣在混亂中低點加碼？

楊教官這本新書第1章就告誡投資朋友，沒有完美的金盃可以面對不同的風險，但有一些投資心法他經過近20年的股市歷練持續驗證，足以分享給讀者，更進階說明了如何找到別人看不到的利基去買股、算股。

③**在好股票落難時撿便宜**：大家往往以為楊教官只存股，卻沒看到他很多股票是獲利10倍以上賣出，而且都在充滿疑雲及利空時買進。這本書教你在茫茫股海中，找到未來10年的航海王、鋼鐵王，在好股票身陷泥沼時，就能看出未來能跟王心凌一樣乘風破浪的強勢股。

你看完這本書，會跟我一樣愛上法說會的影片，比如新海那位財務長對公司的熱愛，以及他個人對於瓦斯相關公司的評價準則，你會跟我一樣成為路邊吃瓜看戲的群眾，看著各種特別的金融操作手法一再上演，你會像我一樣重新檢視財報。

新讀者看完這本書先別急著下手買股票，我們學醫光讀書、實習要7年，考專科出師要再加4年，看完這本書後再回頭看我這篇推薦序，會有不同感受。以下是個人推薦操作步驟：

第1年，每個月薪資入帳定額買一檔穩定的股票（電信、瓦斯、第四台、電力），現在零股交易很方便，做就對了，此外，選3個景循股（輪胎、汽車、水泥）長期觀察，記得是觀察不是買。

第2年，每個月薪資入帳定額買第2檔穩定的股票，不要跟第1年的產業一樣。那3個景循股表現如何？記得今年還是觀察，不是買。

第3年，每個月薪資入帳定額買一檔低檔整理許久的景循股（新聞或名嘴說未來10年沒有機會的這種），感受波動，用第1年、第2年穩定發放的股利，在低檔持續入手景循股。

我們3年後再一起寫推薦序（教官拜託別再等6年才出書了，孩子接著要讀國中，需要你的書）。

台中市清泉醫院神經醫 施懿恩

 神經醫施懿恩
https://www.facebook.com/neuro1n

** 推薦序** ●●●●●●●●●●●●●●●●●●●●●●●●●●●●●●●●●●●●●●

享受一場投資的
極致饗宴

與楊教官熟識的過程很特別，是某一次施懿恩醫師把我們拉進一個討論室開始，因為我自己也熱衷於財報研究、價值投資及可轉債，所以在討論室中，我吸收了很多楊教官的知識與指導，能受邀寫推薦序，著實感到驕傲與榮幸。

在投資的世界裡，沒有最好的方法，能夠吸收前輩的精華而後修正成最適合自己的方法，往往能夠少走冤枉路，讓自己財富走向穩定成長的方向。

在這本書一開始，楊教官開宗明義說明了可轉債的奧妙之處，往往有發行可轉債的公司在大量轉換後，現股都會大跌，教官架設的i-stock系統中，有很多可轉債的資訊可查詢，著實方便，透過相關功能可以知道千張股東是否大量買入，

或者透過借券賣出鎖住獲利後，再利用可轉債轉換還券，在本書內容中，楊教官有詳細的說明，讓讀者能夠學習。

此外，書中楊教官利用一些故事，說明投資者應該要有的正確心態，從資產配置到風險控管，再從價值衡量到生活投資，精彩的故事中，有很多楊教官透過自身對財報的精研，買到好公司而獲利的典範。

在第2章與第3章的內容中，說明如何透過財報選股的重要細節，如何在一些可能的逆風狀況中，透過資訊判讀，提早在價格便宜的錯殺狀態下買到好公司，提升安全邊際，增加獲利率。最精彩的部分，在於教官會說明如何利用財報的關鍵科目，如待出售非流動資產與合約負債，挖掘可能的獲利成長股。

而章節3-7，是我認為除了財報之外，最適合散戶學習的公開資訊，也就是各公司的法說會，因為我自己持有的公司產業多半不同，我會下載各家公司的法說簡報，在接送小孩的空檔或吃飯的休息時間，都能方便閱覽，了解公司未來規劃以及是否有獲利成長的有利條件。

　　我相信購買楊教官這本著作的朋友，都希望能夠實現財務理想的規劃，楊教官也透過這本書為投資朋友建立一個合適的架構，幫助讀者建立正確的投資心態與視野，學習到財報的重點截取，再內化為自身的能力後不斷演練，進而更快做出投資決策。

　　這2年因為疫情，投資市場出現很大的變化，價值投資越來越式微，財報的學習越來越被忽略，取而代之的是跟著軟體訊號快進快出，但回頭仔細想想，在我們不了解公司之下買進股票，這是投資或是豪賭？能否經過長期考驗或熬不過短期震盪？這都取決於自己的心態以及投資素養。

　　熟識楊教官的朋友們都知道他對台灣天然氣公司的了解無人能出其右，持有超過千張的天然氣公司股票，靠的就是楊教官豐富的財商背景以及對於景氣循環的了解，也利用景氣循環股和非景氣循環股的配置，同時賺取波動財和高額股息，再透過借券、房貸增額買入非景氣循環公司，活化資產做到每一步都真正「算利」。

行文這日，剛好遇上2022年9月13日美股崩盤的日子，網路上又出現不少哀號聲，我相信讀者看完楊教官這本著作後，參考他的邏輯與決策，並且建立自己的投資架構，在遇到逆風或崩跌之際，反而能有不同的思考面向，出奇制勝。

承蒙楊教官不嫌棄，雖然我自己沒有財商學院的背景，學的是牙醫科學，財報知識完全靠自己買書參考研讀，再加上認識楊教官後我們有個討論室，這幾年應該討論了不下百餘間公司，透過與楊教官的互動不斷增加我自己的經驗。

在各方引頸期盼下，楊教官把這幾年的豐厚成果，不藏私地分享給每一位熱衷學習投資的朋友，誠摯邀請你一起享受一場投資的極致饗宴。

台中潭子品威牙科醫師 黃健倫

投資是一輩子的事
現在開始學還不晚

距離上一本拙作出版迄今6年，期間很多朋友給我有價值的回饋，我同時也在思考，還要帶給朋友什麼有價值的知識與經驗呢？從2007年踏入股市以來，我有一個很深的感觸是，當你在這市場越久、越熟悉，對股市就會更害怕與敬畏。股市是大家拿身家來拚搏的競技場，投資標的有股實經營的企業，也有不少想藉掛牌在股市撈一票的黑心企業。

還有一些是已經過了成長期轉而衰退的公司，想掛牌用股票換現金獲取更多的利益，如何在爾虞我詐的市場中能夠安身立命，就成了每位主動投資人必須了解的課題，散戶在市場上是資訊最薄弱的一群，如何從可取得的資訊拼湊出值得入手的標的，也將決定你未來獲利的成功機率。

我經常會在算利教官粉絲團及算利教官-價值投資社團提

醒投資朋友避免一些陷阱，但是這也往往容易擋了別人財路，畢竟大家都是拿身家出來拚，一旦擋了別人的財路，就會面對很多攻擊。所以，我想這本書有個重點，就是除了分享挖掘好股的方法外，也會提供你避免跳入投資陷阱的方法。

我希望藉由這些年的經驗，以及從整合資訊所看到的各種投資市場現象，讓各位對股票市場有更多面向的認識，也可以避免踏入陷阱，不敢說你看完這本書保證賺錢，但是足以讓你在投資的道路永保安康。

我常提醒大家，我們的每一分錢都是辛苦工作賺來的，因為如此，更不應該輕易地沒有研究，就把辛苦錢拿去投入不熟悉的標的，幫老闆工作無法上班一輩子，但是投資可以是一輩子的事，既然可以一輩子做投資，那麼不管什麼時候開始學，都不算太遲。

醫師、會計師、律師……都可以做一輩子，因為這是專業技能的終身職，投資只要你懂的比其他散戶多，那麼其實我們只要贏其他9成比你不懂的散戶，就已經足夠吃喝不盡了。

聽我的勸告，如果你是伸手牌投資人，天天到處要明

牌，還是趕快充實自己的財商知識，學會如何看懂財報，如何運用財務指標與建立獨立分析的能力，這樣自然可以徜徉在股海，心情不用每天跟著指數浮浮沉沉。

隨著軍公教年金改革的定案，舒緩了軍公教退撫基金破產的壓力，但是這也只是延緩基金破產的時間，軍公教因為每月薪水穩定，每月生活的收支很好計劃，更應該妥善理財，而目前迫在眉睫將要破產的勞保，影響層面更是廣泛，勞工朋友應該在有能力賺錢時努力工作、妥善理財，唯有自立自強，才不至於老年時困頓無助。

記得2014年8月我申請提前退休那個月，登上了《Smart智富》月刊封面人物，很多網路上的酸言酸語說，這個應該1年後就虧到脫褲子消失了。可是，我不但沒有消失，仍然持續精進自己，2022年年初，因為房價大漲，由於之前房貸的抵押物件價值已經翻倍，考量手邊房貸僅剩300萬元左右，評估個人現金流狀況，我還清房貸，找了一家公股行庫重新鑑價貸款，順利從銀行拿了1,350萬元，全數投入非景氣循環股，讓2022年股息推升到310餘萬元。

　　我經常提醒大家，如果你買1張股票都會虧，不要輕易到銀行搬錢，因為這樣只是加速你的滅亡。這些年我持續運用自己商科與資訊背景，將投資所應用到的資訊寫成程式，免費提供給鐵粉們用，目前超過5,000位鐵粉在使用我免費提供的「算利教官價值投資系統i-stock」，我很寵粉，在投資路上，我會一直陪伴各位互相砥礪成長。

　　要感謝的人太多，特別是台中清泉醫院施懿恩醫師與台中品威牙醫黃健倫醫師2位好朋友，在投資路上彼此腦力激盪，總有一些火花與回饋，我喜歡讓數據說話，醫師的養成也注重科學，應用在投資領域更是實事求是，成功的機率總是更高，除了每日講不完的投資話題，更是生活上的好朋友。我想，摯友更會了解我，所以邀請他們為我的拙作寫推薦序更為適切。

　　相信這本書可以給各位不一樣的視野，邁向正確的道路。

算利教官

目錄 contents

第 1 章
不懂遊戲規則 只好等著被套牢

第 2 章
學會基礎財報 抱住好股票

目錄 contents

第 3 章
拆解財報密碼 從容悠遊股海

第 4 章
避開這些陷阱 別讓存股變存骨

「教官，財報有問題！」

chapter 1

不懂遊戲規則
只好等著被套牢

看了幾本書
你就能武功蓋世？

> 股市變化萬千，吸引了眾多好手入場競技，然而，在任何領域想要出類拔萃，肯定要了解該領域的專業知識與技能！

我經常收一些朋友的來信，他們會告訴我說：「教官我看了你的書，而且看到熟透了，我覺得這樣足以到股市拚搏了。」接到這樣的信，我總是感到很吃驚，因為股票市場的變數太多，且存在許多人為操弄的因素，往往是一本書無法盡情表達與描繪的，況且，許多股市的鬼故事，因為法院尚未判決確定，也不方便在枱面上說太多，說多了反而容易招惹爭議。

我曾經在資訊部門服務多年，可以確認自己只要按照

教科書跟技術手冊，就可以學會並寫出好的程式，但是在股市打滾了十多年，我到現在也無法肯定地說，今天買了一檔股票，明天、下個月就一定賺，若是股市可以單純到用程式就能量化的話，那麼依據一定的準則，把程式寫一寫就可以自動交易了，還需要那麼多證券分析師、投資顧問公司及投資達人這些角色嗎？

市場千變萬化 一招半式肯定輸

雖然成功沒有捷徑，卻有一些方法可以降低失敗的機會，以我在股市多年的經驗，會盡量避開小股本、掛牌不到5年，以及發行可轉換公司債的個股，再來就是避開由大陸人當老闆的KY公司，光是剔除這些公司，在股票市場你就避開了相當多的風險。

我經常查閱司法院公告與炒股相關的案件，判決書中詳述著許多公司金主後台的炒股招數，這群人在股票還沒有上市櫃前，通常就已經寫好了一套劇本，康友-KY（已下市）就是一個經典的案例。

>>> 🔍 投資學堂

可轉換公司債

　　可轉換公司債（Convertibal Bond，CB）簡稱可轉債，是一種由上市櫃公司發行的債券，當達到設定的價格、日期等條件時，可轉債持有人可依約定比例，將債券轉換成股票，而在持有可轉債期間，發行公司須定期支付利息給投資人。除了轉換成股票賣出，持有人也可以將債券在證券市場賣出。

　　簡單來說，可轉債是同時享有股權、債權的投資工具，在一般券商看盤軟體裡，搜尋個股代號，如上曜（1316），若同時出現上曜四（13164）、上曜五（13165），則代表該公司有發行可轉債，後面不同數字則代表該公司發行不只1檔可轉債。

　　劇本總是大同小異計劃著公司上市櫃後，要怎麼樣營造獲利成長的動能，以便用好股價將股票倒給市場的普羅大眾，甚至有些上市櫃公司不專注於本業，一直積極在市場透過現金增資跟股東要錢，這些狀況對於初入股市的人而言往往難以想像，也跳脫了學校教育我們「誠信為本」的原則，以為人人都是善良的，實際上，爾虞我詐之徒甚多。

也由於股市的變化萬千，吸引了眾多好手入場競技，在任何領域想要出類拔萃，肯定要了解該領域的專業知識與技能，我會把十幾年來在股市的見聞與經驗，透過這本書跟各位分享，也希望能夠帶領各位快速進入價值投資的行列。

投資既然是一輩子的事，什麼時候開始學習都不嫌晚，我會教你如何選擇標的，日日好眠，我也會教你如何運用股市的貪婪，把手裡的股票用好價格賣給貪婪的市場短線投資人。

投資高手 想的和你不一樣

你知道每年股票市場的重頭戲是什麼嗎？就是上半年各家公司宣布的配息政策，這也是眾多投資人關注的焦點，但是，你可能不知道，公司宣布高配息時，散戶往往趨之若鶩地搶進買股，千張以上大戶則是會趁著股價拉高時賣出股票給散戶，於是在臺灣集中保管結算所提供的

▶▶▶ P.024

「集保戶股權分散表」裡面，可以明顯看到股票從大戶往

▶▶▶ 🔍 投資學堂

看懂「集保戶股權分散表」

進入臺灣集中保管結算所網站（www.tdcc.com.tw），點選「資料查詢／統計」➡️「集保戶股權分散表」，在頁面中輸入想查詢的個股代號及日期，就會出現這檔股票的集保戶股權分散表，代表該股不同張數級距的持有人數。

以某檔個股資料（圖表 1-1-1）為例，可看出集保戶股權分散表共分 15 個級距，表中顯示持有 5 張（5,000 股）以下的投資人（含 1～999 股）共 390,763 人，占總持股人數 10.72%。觀察不同時期的各級距持有人數變化，就可以了解股票正在從大戶轉移到散戶手中，還是大戶在接收散戶拋出的股票。

🖊️▶圖表1-1-1 集保戶股權分散表

序	持股／單位數分級	人數	股數／單位數	占集保庫存數比率（%）
1	1～999	115,512	23,232,883	0.43
2	1,000～5,000	275,251	544,649,517	10.29
3	5,001～10,000	33,815	263,396,257	4.97
4	10,001～15,000	10,499	134,695,191	2.54
5	15,001～20,000	6,406	118,043,757	2.23
6	20,001～30,000	5,584	142,857,002	2.69
7	30,001～40,000	2,645	94,591,423	1.78
8	40,001～50,000	1,524	70,733,679	1.33
9	50,001～100,000	2,856	204,648,643	3.86
10	100,001～200,000	1,240	173,004,864	3.26
11	200,001～400,000	604	169,699,922	3.20
12	400,001～600,000	225	110,992,557	2.09
13	600,001～800,000	113	78,181,408	1.47
14	800,001～1,000,000	69	62,649,525	1.18
15	1,000,001以上	334	3,099,673,576	58.58
合計		456,677	5,291,050,204	100

散戶手中移動。

相信這也顛覆了初入股票市場新手的觀念：配息這麼高、股價這麼好，為什麼大戶不買？反而大賣持股？

此外，常聽說某些公司因為處分不動產廠房，認列了一次性的利益（不動產賣掉就沒了，同一筆資產不可能再賣第2次），導致每股盈餘（EPS，代表一家公司的每股獲利）大增，股價也水漲船高，那麼有什麼方法可以預知未來，買在起漲點？

當然有，這在財報裡面就會提前顯現，當然，我也會在後面的內容一一說明。

你知道飆股通常後面隱藏了什麼秘密嗎？為什麼有些公司的股價漲跌總是3～5年呈現一個循環？K線圖總是像心電圖一樣有明顯的波峰跟波底，其實不少是因為公司發行可轉換公司債，或是和員工認股權證（指達成公司特定條件後，員工有權利依約定的價格及數量認購公司股份）有密切相關，想參與這些公司的飆漲行情嗎？容我後面跟各位一一道來。

工欲善其事，必先利其器，你的人生不見得需要用買

賣股票作為投資的選擇，但是，無論選擇何種理財與投資方式都應該具備常識，這樣在投資的道路才能持續向目標前進。不過回到一開始講的，千萬別以為你看了幾本理財書就能「武功蓋世」，打好基礎只是投資的基本功，要不間斷地學習、吸收資訊，才能應對千變萬化的投資市場。

66 Note ··

老生常談
還是要說一說資產配置

> 近年許多存股標的本益比逐漸高升，我自然就把資金
> 往高報酬的地方移動，目前投資配比 6 成放在民生
> 必需且非景氣循環股，剩餘 4 成配置景氣循環股。

很多朋友問我，有哪些股票適合存股？我在2007年開始投資股票時，記取父母在1989～1991年虧損的慘痛經驗。我父母學歷不高，他們在工廠工作，也沒學過什麼財經知識，與其說投資，其實充其量只是投機吧！

那個年代買股票的人，都期待著有人會用更高的價錢買進你手裡的股票，而且沒有網際網路，個股的資訊都是看晚報獲取，所以我國中的時候就跟著看晚報，對這段過往留下深刻印象，長輩的虧損至今仍歷歷在目。

所以我剛進入市場投資時，告訴自己要避免犯了父母投資上的錯誤，我希望能夠投資相對穩定的個股，不要買進暴漲暴跌的股票，所以一開始我的投資主要都配置在非景氣循環股。

▶▶▶ P.029

民生必需股＋景氣循環股 是最佳組合

我投資的非景氣循環股有幾個特性，第一，不管有沒有錢都要用；第二，最好有獨占或寡占的利基。我在

▶▶▶ 🔍 投資學堂

▶▶▶ 景氣循環 vs 非景氣循環股

當經濟快速成長時股價會大漲、經濟衰退時股價會大跌的產業，就是所謂的景氣循環股；相對的，不會隨著景氣變化而大幅波動的產業，則屬於非景氣循環股。

舉例來講，景氣好時，人們容易把閒錢花在買 3C 產品、旅遊等，相關產業的股票會有表現，因此非必需消費品、服務業等，是常見的景氣循環產業；而水電瓦斯、食品、醫藥……這些生活中不能少的花費，則屬於非景氣循環產業。

2007年初入股市，主要布局在三大電信、有線電視、天然瓦斯等民生必需產業，而且到了2008年金融海嘯時，這些個股雖然都大跌，但是我發現公司獲利完全沒有受影響，於是即使股價腰斬，我仍然維持投資的腳步持續買進。

以2008年為例，大豐電（6184）跌到了30元，我就用30元持續買進，當時買進的大豐電，經過多年配股、配息，每1張已經變成1.5張，相當於我每張大豐電的成本僅約20元，最近幾年大豐電都配息3元，以投入成本計算，殖利率高達15%。很多人對於舊制軍公教的18%利息感到羨慕跟不平，但是，軍公教舊制的優存有落日條款且有限額，可是我的這15%沒有限額，端視我想要讓它變多大。

不過，2016年以後由於存股風氣盛行，很多熱門存股標的殖利率越來越低，於是我開始趁機配置景氣循環股，資產配比是6成放在民生必需且非景氣循環股，剩餘4成配置在景氣循環股。

這樣的配置有個好處，就是碰到景氣不好時，即使股

價大跌，仍然會有6成非景氣循環股可以帶來穩定的股息，這樣你就不會因為短期的股價崩跌而影響生活，此時，非景氣循環股的股息，還可以拿來加碼買進崩跌的好股票。

景氣循環股有一個特性，好公司在景氣回春時通常獲利也會成長，此時股價翻倍是常見的事，這樣的投資組合可以避免投資人追高殺低的心理壓力。

再來看看殖利率的影響，截至2022年2月，上市962家公司平均本益比為14.21倍（圖表1-2-1），平均殖利率為2.74%，換句話說，不用選股，持有這962家股票各1股，也有2.74%的殖利率，高於銀行定存。

圖表 1-2-1　上市公司本益比、殖利率一覽表

年度	2019年底	2020年底	2021年底	2022年2月底
上市家數	942	948	959	962
總市值（百萬元）	36,413,522	44,903,833	56,282,019	54,742,677
本益比（倍）	19.57	22.37	14.94	14.21
殖利率（%）	3.82	2.99	2.66	2.74
當年度平均投資報酬率（%）	23.33	22.80	23.66	-3.11
當年底至目前*累積平均投資報酬率（%）	47.14	19.82	-3.11	—

資料來源：證券交易所
說明：*指2022年2月底

本益比過高 存股效益低

不過，近幾年許多常見的定存股本益比動輒在20倍以上，甚至30倍以上的也有，而資金會往高報酬的地方移動，倘若10倍本益比跟30倍本益比的個股來做比較，10倍本益比顯然比30倍更吸引人。

簡單說明一下本益比（Price to Earning Ratio，簡稱P／E）的概念，本益比計算方式是股價÷每股盈餘（EPS），是用來判斷股票是便宜或昂貴的依據，低本益比代表投資人能夠以相對便宜的價位買進股票；高本益比代表此時買進就是買貴了。一般來說，市場認為合理的本益比大約是15倍。

為何說10倍本益比的股票較30倍的股票吸引人呢？一家公司獲利穩定的狀況下，本益比越低，代表長期持有這家公司股票，可以在較短的時間賺回你的投資金額。舉個例子，假如一家公司1年的EPS是1元，當你用10元價格買入，本益比就是10倍（股價÷每股盈餘＝10÷1），也就是說，這家公司如果每年穩定賺進EPS 1元，10年就能賺到

10元，相當於你的買入金額可以回本。

　　若有個人跟你買進一樣的標的，但是用20元買進，就得持有20年，這家公司才會幫他賺回投入的金額，不過，企業的競爭瞬息萬變，時間拖得越久變化越大，一家企業能不能夠10年維持穩定獲利很難講，更何況時間拉長到20年，所以本益比較低通常就擁有一定的安全邊際，當然前提是以本益比為參考時，必須要考量這家公司獲利的穩定性。

　　因此，在近年許多存股標的本益比逐漸高升的情況下，我自然就把資金往高報酬的地方移動。關於存民生必需股的好處，以及如何挑選標的，會在章節2-1詳細說明。

1-3

比別人專業一點
結局就是你賺他賠

> 投資的道路上，只要你比別人專業，就會比別人容易
> 獲得果實，減少經常性的交易、避開人群，尋找價值
> 低估的個股，相信你會得到最佳的報酬。

在股票市場久了，看到投資人的各種疑惑，這裡針對其中一些常見問題提出我的觀點，希望對大家有所幫助。

首先，有些股票投資人喜歡盯著外資動態或研究報告做決策，其實長期投資不需要過度在乎外資的看法，畢竟外資也不是慈善事業。

許多朋友總是希望自己買的股票價格能一直往上漲，殖利率一直在高檔，又想買得便宜，基本上，這樣的邏輯

跟條件不可能同時存在。如果你不是短線波段操作的投資者，就沒必要跟隨外資的腳步，我們可以發現許多外資持股比率較高的個股，在股價修正時，下跌幅度也會相對比較大。

今天高點、明日低點 專注好股票才重要

外資的投資布局是全球性的，資金會往全球高報酬率的地區與投資標的移動，舉例來講，如果海外可以賺取10%報酬率，外資為何要把資金放在殖利率不到5%的中華電（2412）呢？

所以，以長期投資為主軸的我並不跟隨外資的腳步，至於持股在買進後才被外資相中，我也會搭順風車，比如我曾經將61～71元買進的聚陽（1477），在140～190元區間賣出10張，剩下的22張則繼續領股息和股票股利，最後出脫在190元。

其次，很多朋友喜歡以上市加權指數高低作為買進股票的指標，但是即使在2016年11月11日上市加權指數來

到8,957.76點,相較2015年8月24日的7,410.34點高出1,547點,但是卻有超過209家(不含金控壽險)公司股票收盤價已經低於2015年股災收盤價格。

而2016年11月時,大家都說股價高了,但是到了2022年,加權指數可是長期在14,000～17,000點區間震盪,和早幾年台股只要衝上萬點,投資人就歡欣鼓舞,被視為「難得一見」的情況已經大不相同,這充分說明了,無論熊市或牛市,投資人應該專注於個股的獲利與成長情形,伺機尋找遭低估或錯殺的個股。

從證交所的資料(圖表1-3-1)可以發現,上市公司在2013～2015年底的平均本益比為15.64、平均殖利率為

圖表 1-3-1	上市公司本益比、殖利率一覽表			
年度	2013年底	2014年底	2015年底	2016年10月底
上市家數	838	854	874	885
總市值(百萬元)	24,519,560	26,891,503	24,503,635	27,466,799
本益比(倍)	18.04	15.42	13.46	17.47
殖利率(%)	3.26	3.55	4.6	4.31
當年度平均投資報酬率(%)	11.85	8.08	-10.41	11.42
當年底至目前累積平均投資報酬率(%)	7.88	-0.18	11.42	─

資料來源:證券交易所

3.8%，那麼當你追逐的成長股本益比高於15.64、殖利率低於3.8%，一旦失去成長動能時，股價就極有可能修正回歸市場平均本益比回推的股價。

　　所以追逐成長股還是要保有安全邊際，免得落入外資主力坑殺的圈套。

高價≠好股票 當心漲多跌更深

　　此外，投資人經常問的，還有一件事：百元以上高價股就是好？

　　以2014年初上市公司超過百元的52檔高價股作統計（圖表1-3-2），截至2022年4月8日，這52家公司中，總計30家下跌、22家上漲，甚至有11家的跌幅超過5成，由這裡可以發現，企業要面臨的風險很多，尤其是來自於競爭者的風險，你的競爭對手也會成長，若是企業無法創造出差異化，那麼同質性的產品，終將面對殺價競爭的紅海。

圖表 1-3-2		2014年百元股票漲跌統計			單位：元
股票代號	股票名稱	2014/1/2股價	2022/4/8股價	股價漲跌	報酬率（％）
2929	淘帝-KY	234	9.44	-224.56	-95.97
8429	金麗-KY	110	11.45	-98.55	-89.59
3060	銘異	167	21.85	-145.15	-86.92
3356	奇偶	188.5	28.1	-160.4	-85.09
3673	TPK-KY	181	35.15	-145.85	-80.58
2727	王品	494	120	-374	-75.71
2498	宏達電	138.5	56.7	-81.8	-59.06
4994	傳奇	131.5	54.2	-77.3	-58.78
3454	晶睿	188	80.3	-107.7	-57.29
2723	美食-KY	200	90	-110	-55
2439	美律	172	82.8	-89.2	-51.86
2707	晶華	337.5	173.5	-164	-48.59
1338	廣華-KY	105	54	-51	-48.57
6605	帝寶	114.5	59.2	-55.3	-48.3
2227	裕日車	432.5	248.5	-184	-42.54
2228	劍麟	113.5	67.4	-46.1	-40.62
6504	南六	163.5	97.1	-66.4	-40.61
1589	永冠-KY	106.5	64.2	-42.3	-39.72
4137	麗豐-KY	325	201	-124	-38.15
6206	飛捷	117.5	74	-43.5	-37.02
1723	中碳	167.5	116.5	-51	-30.45
2474	可成	197	148.5	-48.5	-24.62
2731	雄獅	127	98.5	-28.5	-22.44
4977	眾達-KY	104	81.8	-22.2	-21.35
8114	振樺電	126.5	100.5	-26	-20.55
4536	拓凱	162	130	-32	-19.75

▼（接下頁）

圖表 1-3-2		2014年百元股票漲跌統計			單位：元
股票代號	股票名稱	2014/1/2股價	2022/4/8股價	股價漲跌	報酬率（%）
2049	上銀	258	237.5	-20.5	-7.95
6176	瑞儀	110.5	102.5	-8	-7.24
1707	葡萄王	148	143	-5	-3.38
6230	尼得科超眾	109	106	-3	-2.75
3008	大立光	1,205	1,660	455	37.76
8422	可寧衛	193.5	200	6.5	3.36
2231	為升	131	153.5	22.5	17.18
9914	美利達	217.5	263.5	46	21.15
1477	聚陽	159.5	201	41.5	26.02
2912	統一超	206.5	264	57.5	27.85
9921	巨大	206.5	264.5	58	28.09
2059	川湖	337	446	109	32.34
2357	華碩	270	364.5	94.5	35
1476	儒鴻	329	475	146	44.38
2308	台達電	168	261	93	55.36
2207	和泰車	372	583	211	56.72
3515	華擎	112	180.5	68.5	61.16
2395	研華	203	363	160	78.82
3130	一零四	107	195	88	82.24
2454	聯發科	441	840	399	90.48
6271	同欣電	139.5	274.5	135	96.77
3665	貿聯-KY	124.5	301	176.5	141.77
3034	聯詠	125.5	403	277.5	221.12
1590	亞德客-KY	250	920	670	268
2330	台積電	104.5	567	462.5	442.58
6415	矽力-KY	226	2,835	2,609	1,154.42

資料來源：算利教官整理

不賣不虧損 這只是自我安慰

最後來聊一聊停損的問題，股票下跌，只要抱著永遠不賣就不會虧？我認為還是得預判未來10年、20年後這個產業會不會消失。

以我手裡的核心持股大豐電（6184）而言，碰到同業競爭與數位化建設資本支出造成股價下跌，我認為這就是短期因素，長期來看頻寬永遠無法滿足，行動網路更是無法滿足數位化影音內容所需要的頻寬，有線電視的光纖寬頻正可以彌補行動網路的不足，所以我在殺價競爭虧損時加碼持有。一檔股票是否在股價下跌時要停損，還是得著眼長期發展，可別不管產業未來而在股價下跌時不斷往下攤平。

投資的道路上，只要你比別人專業，就會比別人容易獲得果實，減少經常性的交易、避開人群，尋找價值低估的個股，相信你會得到最佳的報酬。

❝ Note ···

❞

用賭徒心態進場
賠錢還找不到原因

"
投資絕對不能抱持著賭一把的心態進股市，讓自己家庭的生活、經濟產生很大的不確定性，甚至處於高風險之中。
"

在一次分享投資經驗的講座結束後，有位媽媽帶著一個小男孩來到我面前（看起來是國小四、五年級），這位媽媽跟我訴苦，說她這幾年投資虧了很多錢，為了參加我的講座，特地去買我的書，但整場下來她完全聽不懂，急著問我怎麼辦？

我聽了之後，建議這位媽媽暫時離開股市。當你連財務報表的基本概念都不了解的時候，在股票市場跟賭博沒什麼差別，你去買大樂透，中獎機率與期望值都還能算得

出來，而在股市，不懂基本概念，你就是誤入叢林的小白兔。像我這樣有閒的人，都還不見得能夠樣樣投資精準，更何況是毫無準備就抱著錢投入股市，我認為這樣不能稱為投資。

因為你的訊息永遠處於極端不對稱的狀態下，公司經營階層、大股東、法人及專業投資者，這些人的訊息與分析能力遠遠勝過一般投資人，你如何能在這樣的市場賺到錢？即使想要長線存股領股息，也很可能會領股息、賠價差。

她的小孩也跟媽媽說，請媽媽先看完書再說吧！看著她的兒子，我有點心酸，因為我自己有2個女兒，更能體會小孩的心情，投資絕對不能抱持著賭一把的心態進股市，讓自己家庭的生活、經濟產生很大的不確定性，甚至處於高風險之中。

存股標的 避開發行可轉債公司

如果你投資股市也和這位媽媽有相同情境，請你考慮買指數型基金（ETF）即可，至少是由專業人士幫你打理與

研究投資的繁瑣事項，你只要用心提升工作領域的專業，提高薪資收入以擴大投資本金，這樣也是可以利滾利、息滾息累積自己的財富。

如果你沒有前述問題，存股族決定買進一檔個股時，應該要注意這檔個股有沒有發行可轉換公司債（簡稱可轉債），若有可轉債，就得好好思考該公司當前股價與公司本質是否契合。

2017年時我公開提醒橘子（6180）的可轉債橘子一（61801）出現大量轉換，當時轉換價格為39.1元，也就是當現股股價超過39.1元時，持有橘子一可轉債的投資人，可申請轉換成現股套利。以橘子2017年前3季獲利表現每股盈餘（EPS）為零來看，若用本益比去評估股價，肯定不會給它好價格，然而市場最有意思的評估方式是以「未來營收獲利」來評估，這就很有想像與揮灑的空間。

橘子在2017年下半年，因為市場預期代理的《天堂M》遊戲能夠創造一筆豐厚的營收與獲利，將原本不到30元的股價，迅速推升到了119.5元高點，橘子一價格也從100元飆漲至300元，個股在2017年12月前7個交易日平

投資學堂

當沖比率過高　列入警示股

正常股票是星期一（Ｔ日）買、星期三（Ｔ＋2日）成交（遇到假日順延），當沖的正式名稱為「當日沖銷交易」，顧名思義就是在同一天內買、賣相同數量的同一標的，買、賣兩筆交易可以互相沖抵、註銷，不須再經過普通交易的交割流程，只需要針對操作獲利或虧損的「差額款項」辦理交割即可，又可分為現股當沖和資券當沖。

舉例來講，若看好某一股票今天會上漲，可以在開盤時以相對較低的價格買進，當股價上漲時立即賣出，反之則可以放空操作。當沖比率則是「個股當沖金額 ÷ 個股總成交金額」，高當沖比的股票易成為炒作標的，依規定，當沖占比超過 6 成的股票會列入警示股。

▶▶▶ O P.045

均日當沖比率高達51.67%，就我個人觀點，主要是市場藉由《天堂M》營收美麗的憧憬，配合當沖拉抬現股股價讓可轉債套利罷了（可轉債套利是另一門學問，有興趣的人可以深入研究）。

我從「公開資訊觀測站」調閱2017年11月橘子一的月底餘額，總額7億元的可轉債，已經有6.58億元轉換成橘子股票（圖表1-4-1），僅剩的4,200萬元可轉債也在2018

圖表 1-4-1	橘子一（61801）變動明細表		單位：元
發行日期：2015年7月15日　到期日期：2018年7月15日　發行總額：7億元　票面利率：0			
資料日期	月底餘額	資料日期	月底餘額
2015/7	700,000,000	2017/2	700,000,000
2015/8	700,000,000	2017/3	700,000,000
2015/9	700,000,000	2017/4	700,000,000
2015/10	700,000,000	2017/5	700,000,000
2015/11	700,000,000	2017/6	700,000,000
2015/12	700,000,000	2017/7	700,000,000
2016/1	700,000,000	2017/8	699,000,000
2016/2	700,000,000	2017/9	269,100,000
2016/3	700,000,000	2017/10	157,700,000
2016/4	700,000,000	2017/11	42,000,000
2016/5	700,000,000	2017/12	17,900,000
2016/6	700,000,000	2018/1	10,500,000
2016/7	700,000,000	2018/2	8,800,000
2016/8	700,000,000	2018/3	2,700,000
2016/9	700,000,000	2018/4	2,200,000
2016/10	700,000,000	2018/5	2,200,000
2016/11	700,000,000	2018/6	300,000
2016/12	700,000,000	2018/7	0
2017/1	700,000,000	—	—

資料來源：算利教官價值投資系統 i-stock

年7月15日全數轉換完，此時正是曲終人散的時候，若沒有實質亮眼獲利，股價終將回歸合理本益比，所以橘子價格1年內從最高119.5元，崩跌到最低51.4元（圖表1-4-3），而在2017年下半年進場存股的朋友，不知要等多久才能回本。

圖表 1-4-2 2017年11月橘子一（61801）轉換價格明細				
轉換價格（元）	轉換股數	重設日期	重設幅度（%）	累積重設幅度（%）
39.1	2,557	2016/8/12	0	0
40.7	2,457	2015/9/7	1.93	1.93
41.5	2,409	2015/7/15	0	0

資料來源：公開資訊觀測站

圖表 1-4-3 2017～2018 年橘子（6181）股價走勢

資料來源：CMoney法人投資決策系統，2017/7～2018/10。

不懂遊戲規則 只好等著被套牢

　　由於可轉債擁有債權的特性，也可以轉換成現股，持有好公司的可轉債，就處於進可攻、退可守的地位。

　　通常當個股股價超過轉換價時，可轉債就會隨之上漲，同樣以橘子為例，當個股股價在轉換價以上，每上漲1元，可轉債價格會上漲2.55元（計算公式：可轉債面額÷轉換價），可是當個股股價跌破轉換價時，可轉債因為有「到期後，發行公司依發行條件買回」的規定，只要公司沒有破產問題，基本上可轉債最後贖回價都會在面額以上，所以才會說可轉債屬於進可攻、退可守的投資選擇。

　　接下來來看看柏文（8462）這檔個股，柏文是在2019年很多存股族喜愛的標的，當然也不少存股族套在山頂上。柏文在2018年1月22日發行第一次可轉債柏文一（84621），到期日為2021年1月22日，發行時轉換價格設定為156元，也就是持有1張柏文一，可以轉換641股（計算公式：100÷轉換價格）柏文普通股。大部分發行可轉債的公司，都沒打算到期還錢（發行債券就是向投資

人借錢的概念），所以只要股價超過轉換價格，可轉債持
有人就會轉換現股賺取價差。

當然，市場上也了解這樣的特性，所以就會上演一場
又一場飆股的戲碼，我們可以從圖表1-4-4看出來，柏文一
在2019年7月餘額大減，想必這時候市場持有可轉債的人

圖表1-4-4	柏文一（84621）月餘額明細		單位：元
發行日期：**2018年1月22日** 到期日期：**2021年1月22日** 發行總額：**4億元** 票面利率：**0**			
資料日期	月底餘額	資料日期	月底餘額
2018/1	400,000,000	2019/3	247,100,000
2018/2	400,000,000	2019/4	247,100,000
2018/3	400,000,000	2019/5	247,100,000
2018/4	400,000,000	2019/6	230,000,000
2018/5	400,000,000	2019/7	85,900,000
2018/6	400,000,000	2019/8	85,900,000
2018/7	332,300,000	2019/9	45,800,000
2018/8	298,500,000	2019/10	32,900,000
2018/9	296,500,000	2019/11	17,500,000
2018/10	291,200,000	2019/12	17,500,000
2018/11	291,200,000	2020/1	2,500,000
2018/12	290,300,000	2020/2	0
2019/1	277,400,000	2020/3	0
2019/2	276,900,000	—	—

資料來源：算利教官價值投資系統 i-stock

預期的高點已到，大量在此時透過當沖拉抬股價外，並且透過借券賣出鎖住可轉債獲利，待柏文一轉換成現股後，再以現券償還。

從圖表1-4-6、圖表1-4-7可以看到，柏文成交股數與週轉率在2019年7月都來到最高，股價在2019年7月5日創下了302.5元的高點，柏文一可轉債成交金額也在7月11日達到255元高價位、當沖比率高達49.05%（圖表1-4-8），這就代表原始以票面價100多元買進的可轉債持有人，在不到2年時間可以用255元賣出，獲利超過150%，樂觀的散戶如果在2019年7月時不跑，甚至以為有後勢行情買進，只能高點苦守寒窯了。

到了2019年底，柏文股價迅速跌落到183.5元，你可要知道，此時全球還沒有爆發新冠疫情，這種股價暴漲暴跌的現象，很常發生在有發行可轉換公司債的公司！

圖表 1-4-5　柏文一（84621）轉換價格變動

代號	簡稱	類型	轉換價格（元）	轉換股數	重設日期	重設幅度（％）	累積重設幅度（％）
84621	柏文一	掛牌	156.8	637	2018/1/22	0	0
84621	柏文一	反稀釋	123.3	811	2018/6/25	21.36	21.36
84621	柏文一	反稀釋	109.9	910	2019/7/14	0	0

資料來源：公開資訊觀測站

圖表 1-4-6　柏文（8462）月成交資訊　　單位：元

年/月	最高價	最低價	加權平均價（A/B）	成交筆數	成交金額（A）	成交股數（B）	週轉率（％）
2019/3	185	175.5	180.48	1,206	230,788,389	1,278,708	2.08
2019/4	200	175	189.39	2,580	541,829,141	2,860,891	4.67
2019/5	255	195	230.32	6,751	1,648,469,591	7,157,293	11.63
2019/6	268	234	256.98	3,653	970,439,641	3,776,192	6.1
2019/7	302.5	227	261.97	13,606	3,795,864,911	14,489,385	23.34
2019/8	241.5	205	228.2	7,421	1,747,991,968	7,659,593	11.02
2019/9	251	222.5	237.72	6,761	1,605,756,718	6,754,625	9.71
2019/10	243	212	225.22	5,516	1,110,164,696	4,929,109	7.05
2019/11	222.5	192	203.15	8,995	1,303,779,770	6,417,745	9.17
2019/12	209	183.5	195.36	6,577	858,585,804	4,394,670	6.26

資料來源：公開資訊觀測站

圖表 1-4-7　柏文（8462）股價走勢

2019/7/5股價創下302.5元高點

資料來源：CMoney法人投資決策系統，2019/3～2020/3。

圖表 1-4-8　柏文（8462）借券當沖整合資訊

日期	前一交易日借券餘額	新增借券	還券	借券餘額	當沖比率（%）	收盤價（元）	轉換價（元）	可轉債價格（元）	借券餘額市值
2019/7/2	89,000	0	0	89,000	10.01	269	123.3	均價216	23,941,000
2019/7/4	71,000	3,000	0	74,000	26.45	289.5	123.3	收盤235	21,423,000
2019/7/5	74,000	0	0	74,000	27.25	301	123.3	收盤236	22,274,000
2019/7/10	86,000	20,000	0	106,000	39.84	279.5	123.3	均價255	29,627,000
2019/7/11	106,000	0	0	106,000	49.05	266.5	123.3	均價255	28,249000
2019/7/31	198,000	12,000	22,000	188,000	30.9	230	109.9	均價224.57	43,240,000
2019/8/30	440,000	0	0	440,000	17.98	221	109.9	收盤199	97,240,000
2019/9/27	281,000	0	0	281,000	0	240	109.9	均價222	67,440,000
2019/10/31	288,000	8,000	0	296,000	6.29	213	109.9	均價193	63,048,000
2019/11/29	828,000	28,000	5,000	851,000	14.35	193	109.9	195.11	164,243,000
2019/12/31	1,054,000	39,000	12,000	1,081,000	5.45	200.5	109.9	177	216,740,500
2020/1/31	1,245,000	47,000	0	1,292,000	19.43	168.5	109.9	177	217,702,000

資料來源：算利教官價值投資系統 i-stock

❝ Note ....

❞

生活投資不難
到處有賺錢機會

> 在大台北街頭，只要看到洗衣店我就會進去看看，我不是要去洗衣服，而是我的投資組合有很大部分是天然瓦斯，這兩者之間有什麼關係？

很多人經常問我，如何從生活中找到投資標的？以下分享2位學員的來信以及我的回覆，來聊一聊，當你發現一個有興趣的行業或一家公司，該如何才能夠確認是否有投資的機會呢？

我喜歡從生活中找尋投資標的，我認為好的商品要有好的使用者體驗，自己願意買單且樂於分享，若是具有獨占性，將來一旦需求成長，勢必獲利可期。我長期寫程式與文章，覺得背光顯示器非常傷眼，於是開始研究電子書

及電子紙顯示器，使用後覺得這真是非常佛心的產品，之後陸續入手更多相關產品，更加深我對電子紙的信心，於是在30元買進元太（8069），最後獲利6倍出場。

用公司名稱 就能快速找到資料

案例一

　教官好，我是上課的學員，最近帶孩子到百貨公司逛逛，看到很多小孩子在打神奇寶貝、偶像學園的遊戲機台，而且還大排長龍，於是我看了機台是哪一家公司製造，結果是「世雅股份有限公司」，但這家公司沒有上市與上櫃，我想進一步了解哪些公司有轉投資世雅，也找不到相關資料，不知道教官有哪些網路資訊，可以讓我挖掘這家公司？

　　這家公司是純日資的公司，有點特別，我就把這個案例分享給各位。生活投資是近年來的顯學，但是眼睛看到的榮景跟實際獲利是不是相等，還是得仔細驗證。

　　以世雅這家公司為例，可先上「經濟部全國商工服務

入口網」查詢「公司登記」資料，輸入「世雅」共計跑出2家以世雅為名的公司，一家已經撤銷，只剩另一家「世雅育樂股份有限公司」在營運，所以我們就來看看這家公司的資訊吧。

從這家公司登記資料（圖表1-5-1，截取部分內容）可

圖表 1-5-1	世雅育樂公司基本資料
統一編號	86383028
公司狀況	核准設立
股權狀況	僑外資
公司名稱	世雅育樂股份有限公司 （出進口廠商英文名稱：SEGA Taiwan Ltd.）
章程所訂外文公司名稱	SEGA Taiwan Ltd.
資本總額（元）	200,000,000
實收資本額（元）	200,000,000
每股金額（元）	10
已發行股份總數（股）	20,000,000
代表人姓名	藤本晉一
登記機關	台北市政府
核准設立日期	081年04月16日
最後核准變更日期	111年05月02日
所營事業資料	E801010室內裝潢業、F102040飲料批發業、F106020日常用品批發業、F109070文教、樂器、育樂用品批發業……（以下省略）

資料來源：經濟部全國商工服務入口網

以看出來，世雅資本額高達2億元，證券交易市場有不少公司的資本額比它還小，想必這家公司不上市櫃也不缺錢，很好賺吧！

再來看看世雅的董監事持股資料（圖表1-5-2），董監事持股2億元，都是由日商Sega Corporation持有，看來投資人只有死了這條心了，所有股權都在日商手裡。

最後，在絕望之時，還是要給你一個鼓勵，天無絕人之路，Sega在日本有上市（日股代號SGAMY），有機會可以研究看看囉。

圖表 1-5-2　世雅育樂公司董監事資料

董監事資料(序號依據公司基本資料內容顯示)

最近一次登記當屆董監事任期：110年04月01日 至 113年03月31日 (有關董監事當屆任期，為公司辦理董監事登記時所提供之資訊，並非法定登記事項，且可能因公司是否進行改選而有變動。如需再行確認者，請另洽談公司或登記主管機關查詢。)

序號	職稱	姓名	所代表法人	持有股份數(股)
0001	董事長	藤本晉一	日商 SEGA CORPORATION	20,000,000
0002	董事	杉野行雄	日商 SEGA CORPORATION	20,000,000
0003	董事	內海州史	日商 SEGA CORPORATION	20,000,000
0004	董事	宮崎達之	日商 SEGA CORPORATION	2,000,000
0005	董事	白井貴	日商 SEGA CORPORATION	20,000,000
0006	董事	齋藤剛	日商 SEGA CORPORATION	20,000,000
0007	董事	谷岡慎太郎	日商 SEGA CORPORATION	20,000,000
0008	監察人	国広清隆	日商 SEGA CORPORATION	20,000,000

資料來源：經濟部全國商工服務入口網

只看表面 很容易誤解一家公司

案例二

楊教官您好，興櫃有一檔股票京站（2942），毛利率很高，應該也是包租公股吧？請問您怎麼看？

要了解一家公司，可以拆解這家公司的財報資訊，以下用4張圖表來說明。首先來看看京站的損益表，2018年上半年累計EPS為2.49元，毛利率高達9成（圖表1-5-3），這樣高的毛利率實在罕見，其實京站是台北市政府的BOT案，日勝生取得地上權並由京站經營，使用期限至2054年1月25日止。

從財務報表附註也驗證了京站的不動產、廠房設備總額僅有1.07億元（圖表1-5-4），主要就是京站的裝潢費用等，實際算是「二房東」。

從2016～2017年銷售量值（圖表1-5-5）可以知道，京站主要獲利模式為專櫃抽成收入，占比達61%，也就是租賃收入低，但是附加營業額抽佣，櫃位生意越好抽越

圖表 1-5-3 京站（2942）損益表摘要

代碼		107年1月1日至6月30日 金額	%	106年1月1日至6月30日 金額	%
4000	營業收入（附註四及二一）	$ 666,935	100	$ 645,553	100
5000	營業成本（附註四及十二）	(63,007)	(10)	(62,523)	(10)
5900	營業毛利	603,928	90	583,030	90
	營業費用（附註二二及二七）				
6100	推銷費用	(322,003)	(48)	(316,742)	(49)
6200	管理費用	(106,939)	(16)	(98,580)	(15)
6000	營業費用合計	(428,942)	(64)	(415,322)	(64)
6900	營業利益	174,986	26	167,708	26

資料來源：公開資訊觀測站

圖表 1-5-4 京站（2942）不動產、廠房及設備情形

十五、**不動產、廠房及設備**

	107年6月30日	106年12月31日	106年6月30日
房屋及建築物	$ 6,299	$ 6,386	$ 6,475
辦公設備	29,904	35,321	40,765
租賃改良	70,045	80,473	81,305
其他設備	957	1,102	1,288
未完工程	-	-	30,898
	$ 107,205	$ 123,282	$ 160,731

資料來源：公開資訊觀測站

圖表 1-5-5 京站（2942）銷售量值

(六)最近二年銷售量值

單位：新臺幣仟元

年度	105 年度				106 年度			
銷售量值	內銷		外銷		內銷		外銷	
主要商品	量	值	量	值	量	值	量	值
商品銷售收入	-	181,576	-	-	-	199,474	-	-
專櫃抽成收入	-	878,201	-	-	-	862,370	-	-
租賃收入	-	151,684	-	-	-	151,057	-	-
其他收入	-	136,367	-	-	-	154,411	-	-
合計	-	1,347,828	-	-	-	1,367,312	-	-

變動原因：主要係因營收成長所致。

資料來源：公開資訊觀測站

多，我多次去京站乘車，每次都會掏腰包買東西，那裡生意真的很不錯。

從圖表1-5-6可以看出，京站跟日勝生旗下萬達通每20年簽訂一次租賃契約，這部分是否可透過讓利調整財報也需要考量。

你可能會問我什麼叫做讓利呢？有些上市櫃公司枝繁葉茂，底下很多子公司，有些會透過母子公司讓利的方式，讓母公司少賺一點、子公司多賺一點，這樣可以讓子公司股價漂亮。若是母公司持有子公司股權，屬於透過損益按公允價值衡量金融資產科目，反而可以讓母公司的帳上金融資產未實現評價增值，同時也美化財報，當然這裡

圖表1-5-6　京站（2942）重要契約

六、重要契約

107年4月30日

契約性質	當事人	契約起訖日期	主要內容	限制條款
借款契約	京城銀行	105/09/08~108/03/08	營運週轉融資	無
租賃契約	萬達通實業(股)公司	98/12~118/12	京站時尚廣場商場營運用地租賃契約	無
租賃契約	臺北大眾捷運(股)公司	(註)	臺北捷運公司總部大樓B1店舖營運用地租賃契約	無

註：自點交日次日(租賃期間開始日)起開始，契約屆期日為自營業準備期屆期日次日起72個月。

資料來源：公開資訊觀測站

是通案描述，主要提醒讀者有母子公司交易時，要注意有沒有這個現象。

從上面說明判斷，京站獲利主要因素大概就是人流，只要未來沒有新的公車轉運站，人流應該可以維持，以近年EPS約5元來看，假設獲利維持每年在5元，且可營運到2054年（約32年），總計約可帶入160元（32年×5元）的現金流量，以2022年5月約38～40元的股價來看，似乎是不錯的價格。

雖然2022年上半年因為疫情導致全台旅運迅速萎縮，但是2020年疫情爆發趨緩後，當年全台報復性的需求大爆發，我認為疫情趨緩後，京站獲利仍會回到以往水準。

最後，回答學員來信的問題，要入手這家公司得有一個認知：京站是一家輕資產的公司，也就是二房東啦！未來租約到期公司能不能繼續經營很難講，以我這個年紀入手，32年後也80幾歲了，能不能傳給女兒，還得看公司是否能繼續拿到經營權。另外，京站2020年從母公司手裡取得新店小碧潭店的經營權，由於營運初期就碰到了新冠疫情，是否會影響整體獲利，仍待觀察。

多一點用心 買到倍數成長股

再補充一個我自己從生活中找投資的經驗，由於我的投資組合有很大部分是天然瓦斯，所以在大台北的街頭，只要看到洗衣店我就會進去看看，我不是要去洗衣服，而是觀察到許多洗衣店的烘乾機都是用天然氣，我研究了主要原因，是因為天然氣烘乾機的烘乾效率快，也相對省成本，對於經營者而言，能創造更大的利潤。

在一次偶然的機會，我發現了一家名為「SeSA洗衣吧」的洗衣店，竟然有股票可以買，但是因為2020年以後的疫情，國境封鎖，大台北地區的國際旅客幾乎歸零，所以遍布台北背包客最愛的洗衣店生意顯得冷冷清清。

但是審視這家公司獲利不錯，本益比也不高，近年主要獲利來源是三菱重工的冷氣設備銷售，而洗衣店加盟與相關設備銷售在疫情後仍有成長空間，於是我在90幾元入手持有，上洋（6728）在2022年4月股價已經突破了170元，這也是生活投資給我帶來的靈感。

66 Note ··

「教官，財報有問題！」

chapter 2

學會基礎財報
抱住好股票

2-1

7 大選股心法
立於不敗之地

> 股利政策是我主要選股心法之一，我會觀察一家公司連續 5 年股利發放政策是否穩定，如果股利發放波動太大，就不列入投資考慮。

很多朋友問我如何選股，我把自己選股的 7 大心法利用這個章節說明一下。

心法 1：關鍵指標 ➡ 殖利率高於 5%

▶▶▶ ○P.067

剛開始投資股票時，我以近 5 年平均殖利率超過 8% 為主要選股門檻，隨著近幾年股價不斷提高，要找到 8% 殖利率的股票越來越不容易，所以逐漸下修到以殖利率 5% 為基

▶▶▶ 🔍 投資學堂

什麼是殖利率？

　　了解什麼是殖利率前，要先建立除權息概念。簡單來講，公司將賺到的錢以股票方式分給股東，稱之為「股利」，以現金方式分給股東，稱之為「股息」，配發日則是所謂的除權、除息日，其中除權是指股利、除息是指股息，而市場提到的殖利率，指的都是現金殖利率，計算方式為：現金股利 ÷ 股價。

　　從公式可以看出，一檔股票買進（持有）的價格越低，殖利率越高，一般來講，殖利率要高於 4%，才是較理想的數字。

本條件，這樣至少比把錢放在銀行定存利息多3倍以上，換個角度來看，存股100萬元年領股息，相當於定存300萬元1年的利息呢！

　　當然有人會問我，為什麼要挑5年呢？因為上市櫃公司經理人受董事會委任，會有一定的經營與財務目標，有時若涉及可轉債及員工認股憑證（公司與員工約定達特定條件後，員工可認購公司股份），很可能會有季底或年底透過「塞貨」認列營收，以便美化財報，只單看1年的殖利率

及每股盈餘（EPS）很容易被套在高點。

而且，一家公司很難為了美化財務年年都塞貨，所以往往會1年好、1年不好，因此取5年區間的平均數值來反推合理股價會較適宜。

心法 2：獲利能力 ➡ 賺穩比賺多重要

公司要能配發穩健的股利，得要有穩健的賺錢能力，所以我會關注以下幾個指標：

指標① **連續5年EPS＞1元**

每股盈餘（EPS）可以看出一家公司的賺錢能力，上市櫃公司每月10日前公布的財報資訊都會揭露EPS數字，計算公式是「稅後淨利÷在外流通股數」。EPS越高，代表公司獲利能力越好，若一家公司EPS可以連續5年大於1，則代表獲利可以維持穩健。

指標② **毛利率高於20%**

毛利是營收扣除成本（人力、原料、設備等）後的獲利，毛利占營收的百分比即為毛利率，毛利率越高代表

該公司或產業擁有較好的產品定價能力。不過IC設計產業則是例外，因為IC設計產業沒有成本，毛利率通常是100%，但其主要費用（銷售成本、銷售管理費用、折舊和研發等）很高。

指標③ 本業是否賺錢

企業的永續經營主要看本業是否擁有競爭力，所以本業能否穩定獲利是投資參考的主要指標，但是也有例外，比如很多上市櫃公司屬於控股公司性質，也就是母公司的概念，這類公司除了本業外，業外轉投資的獲利占公司獲利比重很高，甚至有些控股公司主要獲利來自轉投資，所以轉投資公司獲利是否穩定也要納入參考指標評估。

指標④ 近10年獲利穩定

把時間拉長10年來看，甚至再往前追溯至2008年，可以看到2008年金融海嘯後、2015年中國股災、2020年3月全球疫情這3個股市崩跌時間的獲利表現，一家公司若是在這3個時間點獲利都不受影響，就屬於非景氣循環股，相對的，若這3個時間點獲利都受到影響，就屬於景氣循環股。

指標⑤ 業外投資穩健

　　業外投資獲利比重高的公司，就得觀察轉投資公司的獲利是否穩健，這樣才不會影響公司獲利。

指標⑥ 營收穩健

　　營收要維持穩健成長，不能呈現1年大賺、1年衰退這樣大起大落的表現。

心法 3：股利政策 ➡ 要穩定且持續

　　我會觀察一家公司連續5年股利發放政策是否穩定，如果股利發放波動太大，我也不會考慮，不過若公司是因為做資本投資以便增加未來營收，如擴建廠房等因此增加費用，這點是可以接受的。

　　很多朋友往往在個股獲利表現好時進場追股票，殊不知，財務報表在單一年度多少會有調整與美化的空間，最常見的就是在年度結束時辦理促銷活動，將貨品塞到經銷商、通路商收貨款（這就是前面提到的「塞貨」），如此一來，當年度財報會因為年底促銷而表現亮眼，可是，隔

年因為經銷商、通路商的囤貨還沒賣完，當然也不會再進貨，就可能造成營收萎縮。

　　所以，我建議不可以看單年度的獲利就樂觀地進場買股票，這樣才不會住套房。

心法 4：公司護城河 ➡ 具獨占利基

　　我早期買股以天然氣、電信、有線電視等產業股票為主，主要的考量是我喜歡具有獨占利基或領先地位的龍頭公司，以大台北瓦斯（9908）為例，早期法令規定同一區域僅能有1家天然氣廠商，雖然現在已經開放了，但是因為天然氣產業的基礎建設門檻高，至今仍然維持1個區域1家天然氣公司的經營型態，所以天然氣沒有競爭的問題，屬於區域獨占。

　　2022年烏俄戰爭，許多歐洲的天然氣公司面臨巨額虧損甚至倒閉，為什麼台灣的天然氣公司獲利不受影響呢？因為台灣的天然氣公司不用承擔進口天然氣的價格風險，這些風險是由中油承擔，天然氣公司只負責賺取固定價

差，這是台灣天然氣公司與各國天然氣公司不同的地方。

此外，上市公司大豐電（6184）在有線電視開放跨區經營前，是新北市板橋、土城地區的有線電視供應商，也具有區域獨占地位，雖然有線電視後來開放跨區經營，但是開放跨區經營後的有線電視，即使有些地區有3家供應商，仍屬於跨入門檻較高的寡占事業。

電信業更不用說，電信頻譜就是最好的護身符，雖然頻譜競標所費不貲，但從早期的三大電信（中華電、台灣大、遠傳），到後來的三大兩小（加上台灣之星、亞太），甚至於亞太電信與台灣之星被併購後，仍然擁有寡占地位，除非你自己養鴿子送信，否則只要用到行動通信，我都有機會賺到你的錢。

心法 5：資金配置 ➡ 以民生消費為核心

截至2022年4月，我的資金配置以不受景氣循環的民生必需類股為主（約占8成），而近幾年占比大概在6～8成之間調整，主要的原因是2010～2021年手裡的

景氣循環股有很大的漲幅，我認為這屬於非理性與非經常性的狀態，所以趁機處分掉，轉進非景氣循環股，主要是我認為即使你再窮也要打電話，總不能像古代一樣養鴿子送信吧！

有人說用line打電話不用錢，那也得要有行動數據網路；再窮，洗澡煮飯還是會用到瓦斯，別告訴我在都市生活你可以燒柴煮飯，你說你家用電不用瓦斯，那麼，我投資的台汽電（8926）天然氣發電量，占台灣民營天然氣發電廠的三分之一。

經濟不景氣，你還是會在家裡看電視或打電動，即使你看網路電視，還是得用到第4台的寬頻或電信公司的數據線路，怎麼想，你都無法避免讓我賺到錢，即使你出國旅遊1個月，沒看電視、沒用瓦斯，也沒有打電話，對不起，下個月帳單你還是得繳基本費，這就是我偏好這類持股的原因。

另外，如果你在桃園路邊停車，我要謝謝你，因為我持有的中保（9917）旗下國雲路邊停車管理會為你服務；只要看到提款機、店面貼著中興保全或新光保全的貼紙，

我也要謝謝你，還是我為你服務；全台的自動體外心臟去顫器（AED，即電擊器），也大多是中保跟新保所出售或出租，連你去餐廳用餐，全台的銷售點系統（POS），可能也是我的中保子公司幫你服務。

即使你去統一超商買杯咖啡，是的，我也是統一（1216）的奈米小股東，此外，我經常搭乘高鐵，高鐵商務艙贈送的礦泉水是我投資的台鹽（1737）所生產；有時吃外食，我會選擇我投資的八方雲集（2753）鍋貼跟梁社漢排骨飯，我喜歡讓投資生活化，讓生活多更多樂趣。

2013年時，我想到2014年初車貸即將繳清（我存股的資金部分來自車貸，2008年買車時，隨便挑都有殖利率8%以上的股票，以機會成本來看還是買股票划算），繳清後每個月會多出約1.4萬元可支用，於是向合庫借了80萬元、利率2.37%的信貸，買了5張F-中租（5871）、5張裕融（9941）、1張中華電（2412），2014年共領取3.873萬元現金股息、500股中租股票（當時市價約3.5萬元），合計約7.3萬元（不含退稅，當年全額退約5,000元），扣除2014年貸款利息約1.5萬元，我還淨賺

5.8萬元！

如果你在路上看到車身有格上租車（裕融）或中租迪和（F-中租），呵呵，這代表我賺到他們的錢；你家用的電我可能也有賺到錢（F-中租在2014年買入新日光太陽能發電廠）；如果你去買中古車，台灣位在林口最大的中古車批發商行將企業也是裕融的，我也可能賺到你的錢。

所以，要擺脫我，讓我不賺你的錢，真的很難！既然如此，不如加入我的行列，讓我們一起進入不一樣的投資境界。

心法 6：進場價 ➡ 本益比 20 倍以下

我的買進價位很簡單，以「近5年平均EPS×20倍本益比」來計算股價，假設這家公司每年賺的錢全數配息，就相當於殖利率5%，我以此訂為我的合理價；15倍本益比我視為便宜價；10倍本益比則是叫我跪在銀行門口借錢，我也願意買的價格，因為，這相當於殖利率10%！

心法 7：伺機加碼 ➡ 理性者才能撿便宜

當好股票遇到倒楣事，我會很開心，市場上就是要有不理性的人，這樣像我這種理性的人才能撿得到便宜，所以，我最開心遇到手裡的定存股下跌，我就可以用更便宜的價格買進，獲得更高的殖利率。

問你，如果你是房東，每個月可以收租1萬元（現金股利），如果出得起240萬元（股價）買房，相當於5%報酬率（殖利率＝現金股利÷股價＝12萬÷240萬），當房屋市價腰斬為120萬元，你還是可以每月收1萬元租金，會不會同時買進2間房？這時候的報酬率可以達到10%（12萬÷120萬）！

我舉近年幾個實作的案例，2015年8月24日股災時，適逢台汽電遭公平會裁罰及台電求償共計約80億元，台汽電股價崩跌到20.05元，我趕緊趁機買進36張，平均買進價格為20.7元，截至2021年5月4日，台汽電收盤價為37.5元（圖表2-1-1），累計每張領取現金股息12,250元，報酬率達到140%。

圖表 2-1-1 台汽電（8926）股價走勢

2021年5月
累計報酬率達140%

2015年8月
趁低價買進

資料來源：CMoney法人投資決策系統，2015/3～2022/5。

圖表 2-1-2 台汽電（8926）近年股利政策

股利年度	除息日	現金股利（元）	股利發放率（%）	除息前股價（元）	現金股利殖利率（%）
2015	2016/7/20	1.3	72.22	25.1	5.18
2016	2017/8/1	1.2	74.53	23.7	5.06
2017	2018/7/10	1.3	78.79	26.8	4.85
2018	2019/7/9	1.5	131.58	27.55	5.44
2019	2020/7/15	1.7	91.4	41.35	4.11
2020	2021/8/23	1.9	104.97	37.85	5.02

資料來源：CMoney法人投資決策系統

　　2016年1月5日，中興電（1513）因為爆發雲豹甲車弊案，股價崩跌到16.9元，我評估中興電應該是借牌肇生此案，面對公共工程委員會予以停牌的處分風險，參酌中興電以往遭停牌後改由子公司參標的經驗，判斷影響層面應該不大，於是我在16.9元時加碼買進33張，截至2021年10月22日，中興電收盤價格為41.5元，累計領取現金股息8,600元，報酬率達到345%。

　　為何只結算到2021年10月22日呢？因為中興電董事長違反《證券交易法》等案遭起訴被判決，其中有一項涉及掏空，我對掏空這件事是不能容忍的，於是立即出清手裡所有持股，了結獲利。

"" Note ···

··

··

··

··

··

··

··

··

··

··

··

··

··

··

··

··

·· **""**

2-2

4 個條件
挖出銅板肥羊股

> 理性者才能撿到便宜的股票,面對個股一次性因素造成的股價下殺,我會花時間深入了解原因,若獲利仍較前一年成長,可以擇優入手。

前面講完我選股常用的7個心法,風險升高的年代,存股除了選肥羊,若是便宜肥羊會更好入手、壓力更小,50元以下的肥羊如何選?有哪些篩選條件?

價值投資有幾個重要的面向:第一,買進獲利穩定的個股;第二,買進價值被低估的個股或是錯殺股;第三,買進成長股(指公司獲利不斷攀升、股價持續上漲的公司)。

我偏好第一、第二個投資選項,因為買進成長股,很

難預判成長股何時衰退，市場的餅就是這麼大，成長股通常代表這家公司搶了競爭者的市場，想想看，如果你自己是做生意的，會長期眼睜睜看著別人一直把你的客戶搶走而不想辦法嗎？

如果能提供相同的產品與品質，肯定會給一些好處來爭取客戶，例如降價或回饋，一個開放的市場是自由競爭，越開放的市場利潤越微薄，成長股通常因為高股價，伴隨著高本益比，一旦這個產業的市場成熟，營收就無法再增長了，此時往往股價就會有大幅度修正。

2020年媒體報導外資看好大立光（3008）股價上看6,000元，截至2022年8月26日，大立光股價已經崩跌到1,985元，榮景不再，也充分顯示出市場的競爭無所不在。回到前面所提，要怎麼買到便宜的銅板肥羊股？以下來說明。

方法1：從隱藏價值挖掘好股票

2017年我開始買進勤益控（1437），當時這檔股

票是所有基本面的財報軟體篩選都會剔除的標的，因為自
2010年開始營業收入逐年衰退，2014年以後才開始獲利
（圖表2-2-1）。

　　主要原因是勤益電子在2015年持續進行大幅度的調整
及轉型，包括關閉新竹電子廠的產線、出售大部分設備給
外包加工夥伴，同時電子業務重心從過去的以代工為主，
轉為自有品牌的研發及銷售，2016年轉型成以房地產租賃
及投資為主的營業模式，驚人的是，自2017年起勤益控毛
利率維持在70%上下，營業利益率約近50%。

圖表 2-2-1　勤益控（1437）近年獲利表現　　單位：百萬元

資料來源：CMoney法人投資決策系統

　　有沒有看錯？為何勤益控的毛利率可以高達70%？來看看2018年第3季財報（圖表2-2-2），可以發現勤益控單季租賃收入達到1.06億元，前3季租賃收入高達3.69億元。

　　進一步由財務報表可以看到，2018年9月30日顯示未來1年內不可取消的租賃契約達到4.4億元（圖表2-2-3），

圖表 2-2-2　勤益控（1437）2018年第3季財報

		107年7月至9月		106年7月至9月		107年1月至9月		106年1月至9月	
		金額	%	金額	%	金額	%	金額	%
4000	營業收入（附註六(十六)、(廿一)、(廿二)及七）：								
4110	銷貨收入	$ 18,725	15	18,499	15	62,881	14	67,407	16
4300	租賃收入	106,608	84	101,452	84	369,049	85	350,479	83
4660	加工收入	1,113	1	944	1	2,813	1	2,437	1
4170	銷貨退回	-	-	2	-	-	-	41	-
4190	銷貨折讓	-	-	-	-	80	-	81	-
	營業收入淨額	126,446	100	120,893	100	434,707	100	420,201	100
	營業成本（附註六(八)及十二）：								
5110	銷貨成本	13,069	10	16,700	14	48,806	11	61,067	15
5300	租賃成本	23,665	19	20,368	17	66,029	15	61,567	15
5660	加工成本	935	1	753	1	2,192	1	1,989	-
	營業成本	37,669	30	37,821	32	117,027	27	124,623	30
	營業毛利	88,777	70	83,072	68	317,680	73	295,578	70

資料來源：公開資訊觀測站

圖表 2-2-3　勤益控（1437）營業租賃情形

2.出租人租賃

　　合併公司以營業租賃出租其投資性不動產，請詳附註六(十一)。不可取消租賃期間之未來應收最低租賃款情形如下：

	107.9.30	106.12.31	106.9.30
一年內	$ 441,364	412,774	404,623
一年至五年	956,711	1,088,793	1,147,164
超過五年	771,569	492,317	513,671
	$ 2,169,644	1,993,884	2,065,458

資料來源：公開資訊觀測站

而且可知租金收入持續成長近1成，租賃收入成為勤益控穩定的收益來源。

那麼以2017年的股價來看算不算合理呢？當時我找出勤益控近3年獲利表現，來自穩定的本業獲利及股利收入大約3.3億元，扣除借款利息6,700萬元，以20.3億元股本計算，每年稅前每股盈餘約為1.295元，合理股價約為19.43元，每股淨值卻達到27元。

勤益控合理股價計算方式

① **稅前每股盈餘**＝淨利 ÷ 流通股數
（3.3 億－6,700 萬）÷（20.3 億股本 ÷10 元面額）＝ 1.295 元

② **合理股價**＝稅前每股盈餘 ×15 倍本益比
1.295 元 ×15 ＝ 19.43 元

2017年3月後很長一段時間，勤益控股價在18元上下震盪，這是一個很甜美的價格，且當時勤益控在桃園大園物流園區仍有約2萬坪土地持續招租中，我認為前景可以樂觀期待，決定買進，這也是學會看財報的好處之一，可以從隱藏價值挖掘好股票。

方法 2：一次性錯殺黑天鵝股

　　前面提到，理性者才能撿到便宜股票，這邊再舉一個例子。面對個股一次性因素造成的股票下殺，我會花時間深入了解原因，2017年第1季時，許多個股因為匯損造成獲利大幅衰退，我排除匯損因素後來分析，假若獲利較前一年成長，股價卻下殺到本益比15倍以下，我就可以擇優入手，通常下一季匯率穩定後會有不錯的表現。

　　同樣的，在2018年第1季，許多公司因為營利事業所得稅率從17%調整到20%，造成的一次性因所得稅而嚴重影響稅後淨利，尤其以萬企（2701）、第一店（2706） ▶▶▶ ⌂P.086 跟環泥（1104）影響最巨，萬企繳交所得稅占稅前淨利高達91.9%、第一店則為97.4%，環泥（1104）轉投資的六和機械受此影響第1季轉為虧損，而大幅影響環泥的EPS。

圖表 2-2-4	2018年所得稅高占比個股EPS表現						單位：元
股票代號	股票名稱	2014	2015	2016	2017	2018	2019	2020
2701	萬企	0.74	0.83	0.86	0.91	0.73	0.89	0.39
2706	第一店	1.01	1.09	1.11	1.14	0.86	1.06	0.32
1104	環球水泥	2.26	2.22	2.68	2.16	1.62	1.74	1.9
1504	東元電機	2.06	1.6	1.76	1.56	1.59	1.65	1.81

資料來源：算利教官整理

▶▶▶ 🔍 投資學堂

稅前淨利 vs 稅後淨利

　　淨利（Net Income）又稱為盈餘，一般稱一家公司的淨利是指「稅後淨利」，用來衡量公司的實際獲利。

　　顧名思義，稅後淨利是將一家公司稅前淨利扣除所得稅後的盈餘，而稅前淨利則是將公司營業收入，扣掉營業成本、營業費用（薪資、分紅等）後，加上業外損益（泛指非公司營運所帶來的收入和費用）所獲得的利潤。

　　但是，從2018第2季之後財報可以發現，這些公司獲利均已回復正常，不過投資人通常喜歡看合併的EPS數字，這幾檔股票當年度往後第2～4季財報仍然會累計第1季的衰退，所以2018年合併EPS仍低於2017年同期的水準，股價因此受影響持續便宜，也是買進好時機。由於財報損益表的特性是隔年「重新開帳」，在排除一次性因素後，2019年就恢復正常水準。

　　對於穩健的投資者而言，這算是不錯的投資技巧，所以未來若有稅率的變動狀況時，仍然會有相同的一次性因素造成獲利波動劇烈，投資人了解這樣的特性，就可以輕鬆應對，挑選出股價被錯殺的好股票。

　　同樣的，2022年台灣疫情在3月開始升溫，台灣高鐵
（2633）股價持續下探到28.4元，此時的我反而開始入手
逆風的台灣高鐵。

　　我的想法是，2019年12月單週流感通報件數超過10
萬件，那是新冠疫情前發生的狀況，因為疫情爆發，讓我
們知道原來戴口罩、打疫苗有這麼多好處，流感大幅減少
了。歷經2年，2022年3月疫情再次升溫時，國人已經不像
2021年5月那麼恐慌了，因為許多人都打了疫苗，而且中
重度病患比例也很低，餐飲店仍然迎來滿滿的人潮，而國
內房屋市場是逐高鐵而居。

　　各高鐵站周邊的建案行情水漲船高，這些人很多是打
算以後搭高鐵上班吧！一旦國境開放後，將會迎來眾多國
際旅客，疫情前我搭高鐵時，發現很多外國背包客會搭乘
高鐵直奔墾丁度假，高鐵也是國內唯一的高速鐵路，擁有
獨占利基，高鐵從疫情前的高點下跌了近20元，疫情前
每年配息在1元上下，用這個價格買進，如同領回20年股
息，從這個角度來看，你就會覺得其實好公司逆風反而是
入手的好時機。

方法 3：低本益比、高殖利率、獲利成長

章節2-1提到低本益比個股的優勢，而在2018年中美貿易戰及2020～2021年疫情不確定的狀況下，若再加上高殖利率、營收獲利成長2個條件，選股上會比較具有安全邊際，這樣的股票即使遇到逆境套牢，也有高於銀行定存的股息可領。

當然抱這種股票先決條件要確認是不是有技術遭淘汰的不可逆因素，而生產地均在中國以外地區的公司，通常也比較不容易受到貿易戰的深度影響，以互盛電（2433）為例，主要從事兩岸事務機具租賃，經濟不好的情況下，中小企業更要採用租賃方式備妥事務機具，而不採用資本投資，所以這種產業較不容易被景氣影響，反而需要關注的是有沒有競爭者介入。

方法 4：用變異係數找出好股票

雖然企業經營可以專注於自身的營運與研究發展，但

是，競爭者與市場狀況卻是瞬息萬變，企業獲利難免會有波動，因此可以運用統計學的概念，找出近5年股價及獲利均相對穩健、差異不大，或獲利成長的個股。

▶▶▶ P.089

　　圖表2-2-5是近5年變異係數低於8的個股，依據近4季EPS計算，本益比也位於15倍以下相對安全的區間，即使遭遇景氣寒冬（當然會多寒冷沒人能斷定），也可以有優於定存的報酬。

▶▶▶ 🔍 投資學堂

變異係數 vs 股價波動

　　變異係數代表過去一段統計時間內股價波動幅度，變異係數越小，代表在區間內股價相對穩定；變異係數越大，代表股價在區間內波動越大，適合作波段。要當成定存股的股票，變異係數最好在 8 以下，不過，使用變異係數時，可以根據個人風險承受度設定標準。

圖表 2-2-5		近5年變異係數低於8的個股						
股票代號	股票名稱	近5年最高價（元）	近5年最低價（元）	近5年平均股價（元）	近5年平均EPS（元）	本益比	近5年標準差 ▶▶▶♀P.091	近5年變異係數
8438	昶昕	40.55	37.45	38.64	2.64	11.9	0.96	2
2832	台產	24.1	17	20.24	1.68	15.1	0.75	4
9925	新保	40.4	30.9	37.79	2.36	20.3	1.35	4
6115	鎰勝	49.8	36.15	43.03	2.84	15.6	1.74	4
2701	萬企	14.25	10.1	12.66	0.6	51.7	0.68	5
1233	天仁	40.05	31.05	36.35	1.28	68.8	1.85	5
1323	永裕	40.5	25.55	34.29	3.12	11	1.65	5
2536	宏普	25.1	18.1	21.88	1.44	131.5	1.38	6
2852	第一保	16.95	10.4	14.02	1.48	7.8	0.84	6
1234	黑松	37.8	27.5	32.52	1.88	17.5	1.84	6
2356	英業達	27.75	18.75	24.04	1.88	13.8	1.5	6
1737	臺鹽	35.45	26.5	31.34	1.96	16	1.89	6
2706	第一店	17.1	11.25	14.62	0.68	57.6	0.97	7
2820	華票	17.9	12.8	15.14	1.12	12.8	1.04	7
6218	豪勉	24.1	16.55	20.35	1.16	22.2	1.45	7
4111	濟生	32.45	21.3	24.59	1.2	14	1.69	7
5533	皇鼎	20.05	13.2	16.39	1.8	3.6	1.13	7
2845	遠東銀	12.9	8.7	10.71	0.92	14.4	0.86	8
2849	安泰銀	17.1	11.7	14.56	1.2	12.2	1.21	8
9905	大華	30.15	17.45	24.83	1.72	13.4	1.98	8

資料來源：算利教官整理，刪除標準差大於2的個股。

▶▶▶ ○ 投資學堂

標準差可判斷漲跌機率

　　標準差屬於統計學的運用，簡單來說，在過去一段統計時間內，個股的股價漲跌機率通常會呈現常態分配，即50% 機率在均價以上、50% 機率在均價以下；如果股票買在均價以上 1 個標準差位置，未來下跌機率為 84.1%，反之，若買在均價以下 1 個標準差位置，未來下跌機率為15.8%。

　　進一步來說，若買在均價以上 2 個標準差，未來繼續上漲機率為 2.2%，下跌機率為 97.8%，透過「算利方程式」App 可看出標準差數字。要提醒的是，運用標準差分析時，還得注意公司是否屬於淘汰產業，若公司體質夠好，股價在均價 1 個標準差以下進場，通常會有不錯的收穫。

2-3

別陷入迷思
低本益比 ≠ 股價便宜

> 一家公司在每股盈餘相同的情況下，本益比若是較
> 低，通常的認知上是股價相對便宜，然而，本益比低
> 不能構成買進一檔股票的唯一理由。

章節2-1、2-2都有提到低本益比是我的選股條件之一，不過，低本益比就一定代表股價比較便宜嗎？

先來複習一下，本益比代表的意義是什麼？本益比（Price to Earning Ratio，P/E或PER）是用來判斷股票昂貴或便宜的參考指標，用來推測以當前價格買入一檔股票大約會回本的時間。

本益比是指投入成本和每年收益的比例，簡單來講，就是未來每年要賺1元收益，須要投入幾倍成本、要多久才

能回本。本益比計算公式是「股價÷每股盈餘」，由公式可知，一家公司在每股盈餘相同的情況下，本益比若是較低，通常的認知上是股價相對便宜，然而，本益比低不能構成買進一檔股票的唯一理由，什麼股票適合用本益比來評估股價是否便宜呢？

同產業比較 本益比才有意義

我會以未來每股盈餘是否穩定作為判定準則，此外，本益比必須跟同產業比較才恰當。

以天然氣產業為例，2022年5月19日財務資訊顯示，天然氣產業相關個股本益比介於19.79～39.83倍之間（圖表2-3-1），這個數值是怎麼來的呢？是用5月19日收盤價除以最近4季EPS合計數（寫稿時是2022年5月，往前推4季，所以是採用2021年第2季～2022年第1季的EPS合計數）。

從圖表2-3-1可以發現多數天然氣個股本益比大致在20倍上下，但是有2家公司本益比超過30倍，以欣雄（8908）為例，本益比達到35.86倍，假設欣雄獲利每年

穩定的狀況下，在2022年5月19日買入欣雄，要到35年後才能幫你賺回本金，如果你40歲開始投資，要到75歲時本金才拿得回來，似乎不太合理，況且這35年全球能源會出現什麼巨大轉變很難預料。

股票代號	股票名稱	5/19股價（元）	營業毛利率（%）	營業利益率（%）	稅前利益率（%）	2021年EPS（元）	本益比	近9年平均EPS（元）
8908	欣雄	77.1	11.79	9.38	9.35	2.16	35.86	1.89
8917	欣泰	92	22.19	16.95	17.6	2.21	39.83	1.82
9908	大台北	32.85	26.14	17.78	33.44	1.75	19.79	1.46
9918	欣天然	42.9	27.62	14.57	22.23	1.92	24.94	1.42
9926	新海	50	28.97	21.83	25.53	2.5	20.08	1.91
9931	欣高	41.3	19.47	13.91	24.37	2.15	21.62	1.87

圖表 2-3-1　天然氣產業相關個股本益比

資料來源：算利教官整理，2022/5/19。
說明：表中本益比是用2021年第2季～2022年第1季平均EPS計算。

獲利穩定成長 本益比評價較高

成長型的企業股價容易上漲，通常市場上會給予較高的本益比估值，而獲利穩定的定存股，市場上則大部分認為20倍左右的本益比較合理。

　　再以新海（9926）為例，新海2021年每股盈餘2.5元，近9年平均EPS為1.91元，以本益比20倍×1.91元＝38.2元，在這個價格買進一檔非景氣循環股，算是非常甜美與安全的價格，但是為何新海股價在50元上下徘徊呢？

　　主要原因是近年鍋爐管制規定實施後，新北市廢止了重油鍋爐跟燃煤鍋爐的使用執照，而且新莊副都心、江翠北重劃區建案陸續完工安裝天然瓦斯管，以及新大樓、都更改建，都讓新海的營收持續成長，此時用9年期間的EPS平均數來估價，其實不太適宜，最佳的方式是用「近5年EPS×本益比」，若確認新海仍是持續成長的個股，就可以給予更高的本益比估值。

　　來看看新海從2013～2021年獲利成長表現（圖表
▶▶▶P.096
2-3-2），從淨利歸屬母公司業主欄位可以看到，新海瓦斯在2013年淨利歸屬於母公司業主為2.15億元，到了2021年淨利歸屬於母公司業主已經達到4.48億元，獲利翻了1倍，同期間EPS也呈現穩定成長，從2013年1.34元提高到2021年2.5元，以這種成長趨勢來看，給予新海20倍本益比算合理。

圖表 2-3-2	新海（9926）歷年損益資料		單位：千元	
財報年度	營業收入	營業利益	淨利歸屬母公司業主	累計EPS（元）
2013	2,562,940	207,769	215,052	1.34
2014	2,768,619	304,422	266,260	1.6
2015	2,234,660	331,704	319,397	1.84
2016	1,973,104	331,979	305,082	1.7
2017	2,167,484	357,011	362,141	2.02
2018	2,285,333	344,328	326,819	1.82
2019	2,402,700	382,827	363,711	2.03
2020	2,197,817	439,706	419,729	2.34
2021	2,142,160	467,631	448,504	2.5

資料來源：算利教官價值投資系統 i-stock

▶▶▶ 🔍 投資學堂

母公司業主 vs 非控制權益財報項目

　　台灣現行財報採用的 IFRSs 制度是以合併報表方式編製，也就是將子公司的資產、負債、損益……納入母公司，因此在財報「本期淨利」項目中（淨利是指公司扣除各種支出後的利潤），淨利歸屬又分為「母公司業主」與「非控制權益」這 2 個項目。

　　舉簡單的例子來講，假設 A 公司擁有 B 公司 80% 股權，A、B 兩家公司當季淨利都是 100 元，則 A 公司財報會顯示母公司業主淨利 180 元（A 公司 100 元＋ B 公司 100×80% ＝ 80 元）、非控制權益 20 元。

有些朋友問我，該如何估計新海的合理股價呢？對於非景氣循環股，我認為既然能夠持續穩定成長，那麼以最近年度的EPS乘以20倍本益比的價格可以買進，以新海2021年EPS的2.5元乘以20倍計算，50元以內入手算是有很好的安全邊際。

高速成長股 隱藏高風險

市場給予各產業的合理本益比倍數不同，一般而言，市場給予景氣循環股的合理本益比倍數較低、成長型企業較高，甚至30倍以上都很常見，必須了解的是，本益比倍數越高，投資人所承擔的風險越大，因為一旦高本益比企業獲利不再成長，股價將會大幅修正。

以富邦媒（8454）為例，富邦媒在2021年9月22日創下了2,100元的天價，本益比達109，2022年5月22日跌到僅剩776元，本益比修正為42.5，由此可見，在新冠疫情爆發階段，富邦媒因為網購爆量所以市場給予成長企業過高的本益比倍數，在富邦媒大股東東元賣股下車之

際，市場仍然追捧富邦媒，但富邦媒2021年11月公告的財報，EPS沒有維持成長反而衰退，市場立即修正富邦媒的股價與本益比。

　　只要富邦媒不再成長，市場將會繼續向下修正其本益比倍數到20以內，所以本益比是投資人選擇股票掌握風險的重要參考數字。

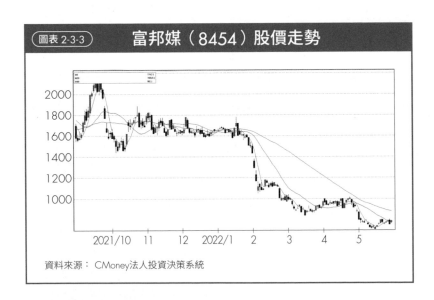

圖表 2-3-3　富邦媒（8454）股價走勢

資料來源：CMoney法人投資決策系統

66 Note ···

···

···

···

···

···

···

···

···

···

···

···

···

···

···

···

···

···

·· **99**

以每股淨值判斷股價
當心暗藏陷阱

> 一家公司資產越多、負債越少,每股淨值越高,所以每股淨值與資產金額呈正相關,在這種情況下「資產品質」就非常重要,尤其是無形資產。

經常有朋友問我,能不能用「每股淨值」判斷股票價格是否合宜?什麼是每股淨值?簡單來講,就是一家公司股票每一股所含的內在價值,計算公式是:每股淨值=(總資產-總負債)÷流通在外普通股股數,其中,總資產減掉總負債就是一家公司的淨值,也就是所謂的「股東權益」。

首先說明市場上通用的概念,就是當股價小於每股淨值,代表此時買進價格便宜;當買進價格大於每股淨值,

代表此時買進價格較貴。

無形資產 影響淨值「品質」好壞

　　能不能用每股淨值判斷股價，這個問題我從幾個方向來說明。首先，從每股淨值的公式可以了解，當資產越多、負債越少，每股淨值越高，所以每股淨值與資產的金額為正相關，在這種情況下，資產品質就非常重要了。

　　來看看2017年第2季樂陞科技（3662，已下市）的資產負債表，帳上無形資產約15億元，占資產比重28%，股東權益（淨值）總計約29億元，占資產比重約53%，由此可知，樂陞科技股東權益總額有51%屬於無形資產（15億÷29億×100%），在高占比的情況下，無形資產的品質就非常重要了。

　　什麼是無形資產？依據國際會計準則第38號定義「無形資產」原則，其中資產是指「因過去事項而由企業所控制，且其產生之未來經濟效益預期將流入企業的資源」，而無形資產還要符合「無實體形式之可辨認非貨幣性資產」的條件。

　　也就是說，將一項目認列為無形資產時，企業應證明
該項目符合無形資產的定義（即可辨認性、對資源之控制及
未來經濟效益的存在），而沒有實物形式的可辨認非貨幣性
資產，諸如專利權、非專利技術、商標權、著作權、土地使
用權、特許權等。

　　回到樂陞科技2017年第2季財務報表（圖表2-4-1），
可以發現樂陞科技無形資產最大的比重來自於商譽及其他
無形資產，在2016年上半年透過企業合併增加約22.9億元

圖表 2-4-1	樂陞科技無形資產明細				
	商譽	專利權及商標權	電腦軟體成本	其他無形資產	合　計
成　本：					
106.1.1	$2,368,758	$98,772	$335,188	$2,271,501	$5,074,219
增添—單獨取得	-	-	5,829	-	5,829
處分	-	-	-	(31,633)	(31,633)
匯率變動之影響	-	(46)	(5,648)	(5,768)	(11,462)
106.6.30	$2,368,758	$98,726	$335,369	$2,234,100	$5,036,953
105.1.1	$2,588,921	$37,241	$139,472	$144,340	$2,909,974
增添—單獨取得	-	36,402	8,617	110,685	155,704
透過企業合併取得	2,299,558	25,266	20,832	2,031,072	4,376,728
重分類	(2,519,720)	-	-	(44,372)	(2,564,092)
處分	-	-	(7,107)	-	(7,107)
匯率變動之影響	10,648	(45)	(919)	(806)	8,878
105.6.30	$2,379,407	$98,864	$160,895	$2,240,919	$4,880,085

資料來源：公開資訊觀測站

的商譽，同時增加約20億元的其他無形資產。

這個商譽如何產生的呢？樂陞科技併購時，花費的成本超過被併購企業淨資產公允價值的差額，簡單地說，就是買貴了。用超過企業淨資產的公允價值併購公司，而產生了巨額的無形資產——商譽，隨之而來的資產總額也因此膨脹，這時候，用總資產計算出來的每股淨值是否能反映真實資產情形，就是投資人得考量的因素之一。目前上市櫃公司有不少無形資產占資產比重很高的公司，投資人想要用每股淨值評估股價，無形資產這一項得審慎詳查。

我整理了一份明細表（圖表2-4-2），依據2022年第1季財報，羅列上市公司無形資產占權益淨額比重較高的前30家公司，並非代表這些公司股票的好壞，而是提醒讀者，要用淨值評估合理股價時，要了解無形資產的內涵。

攤提折舊費用 視情況判別優劣

另一個不適合用每股淨值來評估股價的原因是，公司的不動產、廠房、設備，除了土地外，其他都應該依據使用

股票代號	股票名稱	股東權益占資產比率	無形資產占資產比率	無形資產占股東權益比率	股票代號	股票名稱	股東權益占資產比率	無形資產占資產比率	無形資產占股東權益比率
2633	台灣高鐵	15.95	85.35	535.11	6128	上福	48.02	23.01	47.92
6289	華上	0.67	1.96	292.54	6431	光麗-KY	61.72	29.42	47.67
1472	三洋實業	11.78	25.72	218.34	3557	嘉威	44.33	20.15	45.45
6464	台數科	42.34	66.48	157.01	3665	貿聯-KY	36.41	15.1	41.47
4904	遠傳	38.94	47.41	121.75	6165	浪凡	42.89	17.27	40.27
3045	台灣大	40.3	42.32	105.01	4916	事欣科	40.38	15.67	38.81
1795	美時	48.31	46.65	96.56	2308	台達電	53.41	20.09	37.61
2327	國巨	41.15	26.73	64.96	2908	特力	17.56	6.5	37.02
6184	大豐電	52.85	32.95	62.35	6271	同欣電	83.64	29.82	35.65
4414	如興	40.34	24.66	61.13	3682	亞太電	62.07	20.77	33.46
2496	卓越	65.73	40.09	60.99	8473	山林水	48.89	15.75	32.22
8011	台通	53.15	31.19	58.68	2547	日勝生	20.92	6.68	31.93
6414	樺漢	33.23	19.41	58.41	4106	雅博	66.35	20.84	31.41
4190	佐登-KY	27.08	15.35	56.68	1598	岱宇	36.62	11.39	31.1
8114	振樺電	31.62	17.41	55.06					

圖表 2-4-2　無形資產占股東權益比率較高者前30家公司　單位：%

資料來源：算利教官價值投資系統 i-stock

年限逐年攤提折舊費用，但使用年限受到科技技術影響，可能提前淘汰或讓實際價值大幅減損，如果公司未依實際情況調整使用年限，會造成對資產高估的情況，導致淨值也會被高估。

　　舉正德海運（2641）為例，正德海運在2017年提列3億元船舶設備的減損損失，導致2017年每股盈餘虧損2.76元。正德海運2017年的財報揭露：「本集團於民國106年度因整體航運市場景氣低迷，及全球航市供給過剩之情況，導致船舶設備發生減損，本集團已將其帳面金額依公允價值調整，並認列減損損失360,139仟元。公允價值金額係以市場法參考市場上相同類型或相似使用功能之動產設備於市場上交易價格評估，該公允價值屬第3等級」（圖表2-4-3）。

圖表 2-4-3　正德海運（2641）非金融資產減損

（八）非金融資產減損

1. 本集團民國106年度及105年度所認列之減損損失分別計$360,139及$0，明細如下：

	106　年　度		105　年　度	
	認列於當期損益	認列於其他綜合損益	認列於當期損益	認列於其他綜合損益
減損損失－船舶設備	$ 309,861	$ －	$ －	$ －
減損損失－待出售非流動資產	50,278	－	－	－
	$ 360,139	$ －	$ －	$ －

2. 本集團於民國106年度因整體航運市場景氣低迷及全球航市供給過剩之情況導致船舶設備發生減損，本集團已將其帳面金額依公允價值調整，並認列減損損失$360,139。公允價值金額係以市場法參考市場上相同類型或相似使用功能之動產設備於市場上之交易價格評估，該公允價值屬第三等級。

資料來源：公開資訊觀測站

　　設備一次性提撥減損，對於公司隔年的財報會有明顯
的正面效果，檢視正德海運2018年第1季財報（圖表2-4-
4），可以發現提列的折舊費用從2017年第1季的6,300萬
元，降低至2018年第1季的4,399萬元，減損前後每股淨
值差距約1.62元（3億÷1.85億股）。

　　正德海運算是傳統運輸產業，若是科技業公司，因為
技術日新月異，設備使用年限變動可能更劇烈，對於資產
評估更顯得困難。

　　以下再來看看另一個例子，2017年10月19日台灣高
鐵公告「調整營運特許權資產攤銷年限」，主要變更項目
說明如下。

　　「參照設備原始設計文件所建議之資產更換時程，並
考量歷年故障統計及維修經驗判斷，有關機器設備──電
腦資訊設備項下交通控制系統之伺服器及電腦設備部分，
其攤銷期間由12年縮減為7年至10年；有關運輸設備──
號誌系統項下災害告警系統之DWS不斷電電源供應器部
分，其攤銷期間由35年變更為5年；有關運輸設備──通
訊系統項下無線電系統之主線中央設備、無線基地台及中

圖表 2-4-4 正德海運（2641）費用性質之額外資訊		
(二十一)費用性質之額外資訊		
	107年1月1日至3月31日	106年1月1日至3月31日
不動產、廠房及設備折舊費用	$ 43,999	$ 63,000
員工福利費用	47,163	55,377
保險費	8,853	12,940
船舶補給費	9,974	10,745
船租支出	4,063	11,017
耗用之油料	3,495	11,668
修繕費	2,410	3,145
港口費	488	2,271
其他費用	17,063	16,042
營業成本及營業費用合計	$ 137,508	$ 186,205

資料來源：公開資訊觀測站

繼放大器暨設備監視與控制系統之設備監控設備部分，其攤銷期間由35年變更為15至20年」。

由該份說明可以了解主要設備使用年限縮短，將使高鐵該年度攤銷費用增加約台幣3.08億元，雖然縮短設備使用年限會使攤銷費用增加，但如此一來，也可以讓資產價值較符合真實情況，同時能減輕稅費負擔，有「稅盾」的效果。

由上述說明可以很清楚了解，財務比率與數據雖然是很便捷的參考指標，但是在下決策前，還是要個別檢視公司指標下的意義，才不至於誤用。

高配息吸引小散戶
大股東快閃？

> 大股東對於配息的態度其實跟散戶很不同，尤其遇到
> 高配息，很多大股東會趁散戶追逐股價時伺機賣出，
> 賺到的價差往往比股息還多。

每年到了除權息旺季，新聞媒體總是會炒作一波話題，對存股族來說，也很值得期待，代表銀行帳戶會多一筆（或好幾筆）現金存款，更甚者，會有投資人趁機在除權息前高點賺一波價差。不過，想參加除權息，我在這裡提出幾個思考點供大家參考。

高殖利率是很多投資人追逐的標的，但是大股東和小散戶的想法可能不一樣！

大戶賣、散戶撿 各有考量

來看看圖表2-5-1，這篇文章截稿時（2022年5月26日），2022年已公告的上市、上櫃公司，現金殖利率前10大排行公司的殖利率介於11.7%～19.9%，是1年期定存1%的11倍以上，多麼吸引人的殖利率，依照常人的想法肯定是人人喊搶的股票吧！小散戶跟大股東搶進或繼續持有的想法與企圖，是否相同呢？

圖表 2-5-1	2022年現金殖利率排行前10名公司				
股票代號	股票名稱	現金股息（元）	2022/5/23 收盤價（元）	現金殖利率（%）	本益比
4930	燦星網	4.8	25.15	19.09	4.96
2609	陽明	20	127	15.75	2.2
6582	申豐	15	96.9	15.48	4.01
2108	南帝	7	50.1	13.97	4.71
3545	敦泰	15.71	113	13.9	4.08
8016	矽創	32	242	13.22	4.37
3034	聯詠	51.5	393	13.1	5.42
2357	華碩	42	323.5	12.98	5.32
2603	長榮	18	144	12.5	2.5
2545	皇翔	6.3	53.7	11.73	5.42

資料來源：算利教官價值投資系統 i-stock
說明：這10家公司皆未配發股票股利，表中現金殖利率是以2022/5/23收盤價計算。

繼續看看圖表2-5-2，依據這些公司董事會通過配息日後第1個集保股權統計日期（通常為週五），以配息公告日最近1週股權異動為基準，我做了一個資料表，發現這10家公司持股1千張以上大股東期間累計減少5.06萬張股票；這10家高殖利率公司僅有3家千張以上股東持股有些微增加，想當然耳，大部分的股票往右側小股東移動，有沒有看出來，千張以上大股東持有的股票，有5.1萬張幾乎都被持有10張以下的小股東給吸納了。

股票代號	股票名稱	變動股數				
		1000張以上	10～15張	5～10張	1～5張	1張以下
4930	燦星網	-17,000	169,455	794,333	1,930,441	-491
2609	陽明	-21,706,213	689,809	4,461,197	14,706,969	134,942
6582	申豐	0	8,000	-32,811	40,345	685
2108	南帝	2,055,656	-351,982	8,880	35,951	-1,935
3545	敦泰	-4,670,988	4,673	997,908	2,388,869	34,140
8016	矽創	-1,275,000	132,736	407,514	1,581,773	17,967
3034	聯詠	-2,821,541	263,662	741,047	2,313,530	136,024
2357	華碩	1,818,732	137,857	486,248	1,196,365	81,089
2603	長榮	-24,213,830	1,616,601	5,736,468	11,038,517	362,291
2545	皇翔	136,921	247,970	273,053	1,156,340	-4,027
總計		-50,693,263	2,918,781	13,873,837	36,389,100	760,685

圖表 2-5-2　殖利率前10名公司股權分階異動表

資料來源：算利教官價值投資系統 i-stock，2022/5/23。

　　從前面所述可以了解，大股東對於配息的態度其實跟散戶很不同，因為高所得的大股東領取股息要承擔28%所得稅，而稅率5%的散戶因為還可以退稅，實質報酬率會遠高於大股東參與除權息，所以一旦高配息，大股東會趁散戶追逐股價時伺機賣出，賺到的價差往往比股息還多，重點是賺價差還不用繳所得稅跟補充健保費。

　　這裡順帶提一下，每個投資人的實質報酬率，會因為個人所得而有不同，所以無須到處問人某檔股票應該多少錢買？沒有標準答案。

　　至於我個人，由於我的所得稅率較高，所以會在除權息日前幾個月開始進行合法的節稅工作，怎麼說呢？我把持有的股票透過雙向借券出借給需要的人，一旦出借的股票被賣出而且跨過除權息日後才要求還券，我應該領取的股息，將由借券方透過權益補償機制返還到我的戶頭，如此一來，這筆所得屬於證券交易所得，目前免稅，同時免繳補充健保費。 ▶▶▶ P.112

　　我經常性約有5成上下的股票處於出借狀態，合法省下了不少稅負，有人問，這樣不是不公平嗎？不會的，因為這

111

▶▶▶ 🔍 投資學堂

用雙向借券活化資產

借券全名叫做「有價證券借貸」，簡單來說就是透過券商媒合，把手中長期持有的股票設定借出利率，借給市場上有需要的人（例如借券放空者、需要避險或套利的外資、券商、自營商等），出借後按出借日數收取利息。

借券又可分為 2 種方式：一種是「信託借券」，是指將股票信託給銀行或券商，門檻較高，通常信託金額達百萬元、張數在數十張以上，且並非所有股票都能進行信託借券；另一種是「雙向借券」，只要持有 1 張股票，向券商申請雙向借券功能後，就可以在券商平台出借股票（或是借入別人的股票）。

筆稅還是有人繳了，就是買進股票的人繳了，所以高所得稅率的人，可以透過出借股票合法節稅，你也可以試試看。

除此之外，大股東賣股當然有很多的理由，可能是對未來景氣的展望看法不佳，或是稅負考量等因素，總結來說，小股東較容易被高股息吸引進場。面對「高股息」，又該注意哪些事項呢？

參與除權息 做好評估避免接刀

　　首先，我把篩選出的10檔股票丟到算利方程式分析（圖表2-5-3），發現有4家公司2022年前4個月累計營收比2021年前4個月衰退，而且有2家公司衰退達5成以上，這時候進場會不會撿到掉下來的刀呢？所以買進高殖利率股時，要特別注意是否正在買進獲利大幅衰退的景氣循環股，這種股票不是不能買，而是要買在景氣谷底開始爬升時，不要在還不知道底部時，貿然進場接刀。

　　其次，這10檔股票在寫書時（2022年5月）的價格，有9檔高於近5年均價，表示未來下跌的機率非常大。

　　第三，這10檔股價在近5年平均EPS的6倍以下，看似便宜，但是從變異係數介於21～134來看，變異係數越大代表股價波動越大，介入這樣的個股，風險其實很高。

　　第四，依據近5年變異係數分析，這10檔均屬於與景氣循環密切相關的個股（定存股一般5年變異係數在9含以下），景氣循環股並不適合在高價時進場，畢竟一旦景氣滑落（況且這10家公司營收確實幾乎都滑落了），股價修

股票代號	股票名稱	近5年			累計營收成長（%）	最近一期累計EPS（元）	去年同期累計EPS（元）	近5年平均EPS（元）	本益比	股本變動（%）	近5年	
		最高價（元）	最低價（元）	平均股價（元）							標準差	變異係數
2108	南帝	166	21.35	48.74	-50.4	1.17	5.45	6.12	4.6	5	32.46	67
2357	華碩	409.5	170.5	271.17	10.6	14.04	13.18	29.56	5.3	0	56.9	21
2545	皇翔	61.3	23.15	34.51	26.4	3.13	0.68	3.68	5.3	0	6.79	20
2603	長榮	224	9.1	41.17	92.9	19.16	7.04	14.32	2.5	50.6	49.03	119
2609	陽明	216.5	4.73	34.86	71	17.35	7.49	13.36	2.2	123.1	46.7	134
3034	聯詠	629	110	257.13	30.4	18.3	9.66	26.36	5.3	0	144.48	56
3545	敦泰	290	20.3	67.4	-19.7	3.57	4.24	5.64	4	-27.2	64.76	96
4930	燦星網	38.5	6.78	15.56	-24.7	0.49	0.5	0.8	4.9	-40.4	6.3	41
6582	申豐	364	46.7	107.43	-72.8	1.24	9.83	12.52	3.9	1.8	71.78	67
8016	矽創	398.5	70.8	161.42	26.3	11.82	6.55	19.32	4.3	-0.4	75.85	47

圖表 2-5-3　運用算利方程式分析殖利率前10名公司

資料來源：算利教官價值投資系統 i-stock，2022/5/23。

正的幅度會很大。

第五，我發現有4檔（長榮、陽明、敦泰、燦星網）近5年股本變動比率非常高，大部分是有發行可轉債的公司，因為普通股大漲，可轉債持有人大幅轉換成普通股造成股本膨脹。發行可轉債的個股經常在可轉債發行期暴漲、到期後股價崩落，通常股本大幅度變動的公司擅長財務操作。此外，一檔個股大幅減資時，不少是屬於暴漲暴跌的

股票，要介入不可不慎。

　　最後，要參與配息的朋友，建議有以下狀況的公司別碰：①公司營運及獲利衰退、股價大跌；②公司獲利來自於認列一次性收益；③避開當年度有減資的公司。畢竟上市櫃有那麼多好公司，沒必要急著撿掉下來的刀，以免領到股息賠了價差。

2-6

股利高於獲利？
留意資本公積配息動機

"
上市櫃公司以現金搭配資本公積配息，大部分都有節稅考量，但若資本公積配息遠大於 EPS，通常是為了靠配息維持股價，這就不是好現象。
"

經常有朋友問我：「為什麼某家公司配息高於前一年的EPS？」通常配息高於獲利的公司，大部分是拿資本公積出來配息。什麼是資本公積？拿資本公積出來配息有什麼優缺點呢？

▶▶▶ P.117

一家公司財務報表中的資產負債表是由「資產、負債及股東權益」所組成，股東權益底下又包含股本、資本公積、保留盈餘、庫藏股、其他權益等項目，其中，資本公積（Additional Paid-In Capital，APIC）又稱「額外實收資

▶▶▶ 🔍 投資學堂

認識 3 大財務報表

財務分析常聽到的「3 大財務報表」分別是損益表、資產負債表和現金流量表。

①**損益表**：用來了解公司的營收狀況，即各項營業收入扣除費用、成本後的淨收益。淨收益為正數，代表公司有賺錢；淨收益呈現負值，則代表公司正面臨虧損。

②**資產負債表**：由資產、負債及股東權益（資產扣除負債後剩餘的部分）組成，可以看出一家公司擁有的現金、土地、設備等資產狀況，及積欠的長短期或應付帳款等負債。

③**現金流量表**：記錄企業現金流入、流出的狀況。一家公司若長期現金不足，很有可能面臨週轉不靈的問題。

本」，是指公司籌集的現金及資產超過股票面額的部分。

資本公積配息 可分 3 種狀況

常見資本公積形成原因有5類，包含股本溢價（股票增資）、資產重估增值、處分固定資產利益、企業合併產生的利益、受領捐贈所得等。

舉個案例，影一（8458）在2022年5月25日公告要辦理現金增資，現金增資價格為15元，每股超過票面價10元的部分（15－10＝5元）就會列為資本公積，也就是常說的股本溢價，這個在新股上市後會在當季財報列入資產負債表中的資本公積項目，而員工認股權證或可轉債轉換成普通股時，假若轉換價格超過票面價，超過的部分也會列入資本公積，而資本公積主要用途有下列狀況。

狀況① 資本公積配股

又稱為「資本公積轉增資」，將資本公積轉為公司資本，按照股東持股比率配發股票，藉此增加投資者的投入資本，也就是說，配股來源並非來自公司獲利，而是來自過去累積的額外資本。

狀況② 資本公積配息

以公司歷年累積的資本公積，用現金股利的方式發還給股東，這個好處是免納入個人綜合所得稅。

狀況③ 資本公積彌補虧損

企業若有未彌補的虧損，可將資本公積用於彌補公司虧損的缺口。

依據《公司法》第 241 條，公司無虧損者，可將法定盈餘公積（指公司完納稅捐後，分派盈餘時，應提列10%作為法定盈餘公積，以準備日後彌補虧損）及下列資本公積之全部或一部分，按股東原有股份比率發給新股或現金：超過票面金額發行股票所得之溢額；受領贈與之所得。此外，以法定盈餘公積發給新股或現金者，以該項公積超過實收資本額25%的部分為限。

低獲利、高配息 別一股腦搶著買

至於資本公積配股好嗎？首先要先了解公司獲利與配息之間的關係為何？公司配發股利的來源主要分為盈餘配股與公積配股，盈餘配股是企業把賺到的獲利分配給股東，而公積配股的股利則來自於資本公積。

如果公司每股盈餘為3元，配發股息時，部分從這3元裡面拿現金配息，部分拿資本公積配息，這樣無可厚非，對股東而言反而可以減稅，因為假若資本公積的來源是現金增資或可轉債轉換而來，現金增資價格或轉換價格與票

面價的差額，屬於原始股東付出的金額，配發資本公積算是返還股東出資額，在稅法上免稅。

所以上市櫃公司以現金股息搭配資本公積配息，大部分都有節稅考量，但是若一家公司資本公積配息遠大於EPS，通常主要目的是靠配息維持股價，這就不是一個好現象。所以評斷用資本公積配息究竟好不好，還是要參酌公司的獲利情況，若用資本公積超額配發股息，投資人應該審慎看待，不可一股腦看到高殖利率就進場。

雖然領取公積配股時不用繳納所得稅，然而企業用資本公積配股，代表配息來源並非企業的本業獲利，而是使用過去累積下來的資產，此時要特別關注背後原因是否為企業獲利狀況並不理想，只是為了維持股價進行公積配股。

66 Note ··

··

··

··

··

··

··

··

··

··

··

··

··

··

··

··

··

·· 99

EPS衰退先別急
看看財報怎麼說！

> 許多上市櫃公司手裡擁有非常多金融資產，金融資產的價值變動會影響 EPS 表現，當一家公司 EPS 衰退時，不妨先看看財報，再決定要不要賣股票。

經常有朋友問我，當手中持股獲利衰退時應該如何處理？大部分的人看到持股獲利衰退處置的方式是趕緊賣股下車，這也是我們對散戶總是「追高殺低」的印象。其實當面對一檔個股獲利衰退時，應該做的事情是先查閱財報，了解衰退的原因為何？

若衰退的原因是公司技術落後遭市場淘汰，無力回天，賣股下車止損是必然的，然而，有不少是屬於季節或短期因素，例如轉投資金融資產的價值變動，或者匯率變

化造成的非經常性損失，此時可以從財報上面做更進一步的檢核。

金融資產變動 造成虧損假象

　　許多上市櫃公司手裡擁有非常多的金融資產，倘若這些金融資產例如股票、債券或基金，透過損益按公允價值（買賣雙方認可的價值）認列金融資產，那麼在財報結算日帳上持有的金融資產增值，就可以增加公司的每股盈餘（EPS），反之，若結帳日時金融資產跌價則EPS會減少，如果這個增減幅度很大，就會對一家公司的EPS有顯著影響。

　　大部分公司持有金融資產主要目的是領取穩定孳息，金融資產的價值變動雖然會影響EPS，但是實際上是屬於「未實現」的利益與損失，而且往往是前一年金融資產漲太多了，造成當年度EPS大增，隔年超漲的金融資產回檔，又讓EPS下跌，一來一往就加劇了同期EPS顯著的變化，此時評估時，應該要排除金融資產科目的變動，關注營業利益增減變化較恰當。

　　舉一個例子，欣天然（9918）在2022年第1季財報顯示EPS為0.56元，相較2021年第1季的0.76元，年減幅度達26%，大部分的人看到這個數字都會認為獲利衰退非常嚴重，但是從財報的損益表可以看到欣天然營業利益從9,600萬元成長到1.57億元，來自本業的獲利大幅成長，營業利益年增高達63%，是什麼因素導致欣天然EPS衰退，就必須進一步了解

檢視營業利益 看出真實財務狀況

　　從欣天然財報的損益表中可以看出（圖表2-7-1），導致EPS衰退的原因是在「其他利益及損失」這個科目，在2021年第1季認列利益5,299.6萬元，而2022年第1季則是虧損3,320萬元，前後年差異數高達8,619.6萬元，也就是前面所說，損益按公允價值衡量金融資產的淨利益（損失）造成EPS衰退。

　　再從欣天然的財務報表附註可以了解（圖表2-7-3），欣天然在2021年第1季帳上透過損益按公允價值衡量的金

圖表 2-7-1　欣天然（9918）2022年第1季季報損益表

代碼	項目	附註	111年第1季 金額	%	110年第1季 金額	%
4000	營業收入	四、六(二十二)	$ 641,908	100	$ 599,957	100
5000	營業成本	六(二十三)	420,149	65	424,037	71
5900	營業毛利(毛損)		221,759	35	175,920	29
	營業費用					
6100	推銷費用		18,511	3	16,215	3
6200	管理費用		45,462	7	63,281	10
6450	預期信用減損損失(利益)		(139)	-	(316)	-
6000	營業費用合計		63,834	10	79,180	13
6900	營業利益(損失)		157,925	25	96,740	16
	營業外收入及支出					
7100	利息收入	六(二十五)	5,027	1	5,041	1
7010	其他收入	六(二十六)	2,235	-	1,562	-
7020	其他利益及損失	六(二十七)	(33,200)	(5)	52,996	9
7050	財務成本	六(二十八)	(60)	-	(10)	-
7000	營業外收入及支出合計		(25,998)	(4)	59,589	10

資料來源：公開資訊觀測站

圖表 2-7-2　欣天然（9918）2022年第1季財報附註

(二十七)其他利益及損失

	1月1日至3月31日 111年	110年
處分不動產、廠房及設備利益(損失)	$334,667	$295,247
透過損益按公允價值衡量之金融資產淨利益(損失)	(38,682,851)	55,076,713
淨兌換利益(損失)	5,826,828	(1,530,697)
其他損失	(678,242)	(845,552)
合　計	$(33,199,598)	$52,995,711

資料來源：公開資訊觀測站

融資產約有8.79億元，2021年季底為7.91億元，2022年第1季則為7.25億元左右，而台股加權股價指數2021年底財報結算日在高點18,218點，欣天然持股有不少是景氣循環股，上漲時享有增值利益，下跌時回吐利益也是正常，這類公司出現EPS衰退時，還是要回歸檢視營業利益是否持續成長。

圖表 2-7-3　　**欣天然（9918）財報附註**

	111年3月31日	110年12月31日	110年3月31日
流動項目：			
強制透過損益按公允價值衡量之			
金融資產			
上市櫃公司股票	$456,834,620	$502,275,257	$479,555,000
受益憑證	54,744,000	54,744,000	166,269,800
受益證券	49,434,492	38,934,492	10,000,000
債券	107,714,126	97,371,336	118,390,535
票券	11,331,980	11,331,980	11,331,980
小　計	680,059,218	704,657,065	785,547,315
強制透過損益按公允價值衡量之	21,977,027	68,381,947	77,960,810
金融資產評價調整			
合　計	$702,036,245	$773,039,012	$863,508,125
非流動項目：			
強制透過損益按公允價值衡量之			
金融資產			
上市櫃公司股票	$21,370,813	$21,370,813	$21,370,813
強制透過損益按公允價值衡量之	2,130,684	(3,028,181)	(5,321,010)
金融資產評價調整			
合　計	$23,501,497	$18,342,632	$16,049,803

資料來源：公開資訊觀測站

" Note ···

""

「教官，財報有問題！」

chapter 3

拆解財報密碼
從容悠遊股海

好股票落難
何時可以買進？

> 若是你對財報有深入了解，在個股面臨非經常性風險時，可以趁個股逆風時入手，近 2 年有幾個不錯的撿便宜時間點。

中美貿易戰在2018年7月6日開打，開打後初期導致台股跌跌不休，當時許多好股票都跌到本益比10倍以下，尤其是涉陸的上市櫃公司不少跌幅超過3成，理性的投資人會思考：有沒有什麼好股票值得入手呢？此時買定存股還是景氣循環股好？我想這是眾多投資朋友關心的事，這篇就以中美貿易戰為時空背景，聊一聊好股票落難時，該如何判斷？

首先思考一個問題：中國的外匯存底在2014年6月達

到規模3.99兆美元，之後一路下滑，到了2018年10月規模約剩3.05兆美元，外匯存底的縮減反映了中國的一些經濟狀況，當然，中美貿易戰是首要原因。

抽絲剝繭 跌深才有機會賺快錢

2012年9月18日中國百座大城的反日遊行後，外資有鑑於投資風險，以及人力成本大幅提升、稅負增加，原物料價格也不再相對便宜，外加環保法規的強化，紛紛撤離中國轉進東南亞國家設廠，以聚陽（1477）為例，目前生產重心已經轉移到東南亞地區，所以能在中美貿易戰後保有不錯的獲利。另外，中國高層及高所得族群在2015年時，海外留學超過170萬人，他們同時也熱衷於海外投資，外加美國升息與減稅，種種磁吸效應導致中國外匯存底大幅減少。

再來到2022年，中國股市在疫情的清零政策下，在1年間大幅下跌，上證指數一度跌到2881.83點，大部分股民不但沒賺到錢，還虧了一屁股，民間消費動能自然也會

有所影響。

所以，如果你是保守型的投資人，在中美貿易戰戰火未歇、中國清零政策未改變前，投資應該盡量避開以下3類股票：①在中國設廠且無法轉單的公司；②銷售市場主要在中國的公司；③持有人民幣資產比重較高的公司，同時要改持有不受景氣循環影響的個股。

如果你是積極型的投資人，反而可以在股價受影響大跌的個股中，找一些體質不錯的公司介入，一旦戰火停歇與清零政策改變後，原本市場壓抑的消費需求，也許能有強勁的成長力道。

由於非景氣循環股中常見的定存股，普遍本益比約在20倍以上，相當於投資人投入本金後約20年可以賺回本金，相對的，買進10倍本益比的景氣循環股，倘若能在逆境存活下來，未來賺回本金的時間會縮短到10年，亦即相當於年化報酬可以達到10%，即使過程中有2、3年獲利不佳，一旦撐過逆境，未來獲利回溫，除了可獲取資本利得外，持股期間還可以擁有不錯的配息。

看懂財報 抓住撿便宜時機

所以，在台股遭遇系統性風險時（如2008年金融海嘯及2015年8月股災），我會選擇買進低本益比、高殖利率的非景氣循環民生類股，如天然氣、電信、廢棄物處理及有線電視等類股。

個股遭遇非系統性風險下跌時，我會評估個股衰退是短期競爭因素造成，還是技術落後被市場淘汰，或者是遭遇匯損等一次性因素，倘若是技術落後的因素，這種股票即使再便宜，也不用考慮入手。

若是你對財報有深入了解，在個股面臨非經常性風險時，可以趁個股逆風時入手，近2年有幾個不錯的撿便宜時間點：

①2017年第1季 一次性匯損

在〈4個條件 挖出銅板肥羊股〉內文中曾提過，2017年第1季台幣大幅升值，導致數十家上市公司匯損金額占營業利益超過1成，例如儒鴻（1476）達57.1%、帝寶（6605）達53%，而這些公司到了2018年第1季，獲利表

現就很亮眼了（見圖表3-1-1）。所以，當看到公司EPS衰退時，不要急著賣股票，把財報拿出來，好好了解獲利衰退的原因在哪裡，未來還會不會發生？這樣才不會錯殺好股票。

圖表 3-1-1	好公司遇匯損影響 隔年獲利表現			
股票代號	股票名稱	2017年第1季EPS（元）	2018年第1季EPS（元）	EPS成長比率（%）
1476	儒鴻	1.01	3.25	221.78
6605	帝寶	0.5	1.85	270

② 2018年第1季　一次性所得稅費用

2018年修正《所得稅法》，將營利事業所得稅由17%調整到20%，因稅率變動，須在第1季財報認列遞延所得稅損失，導致帳上擁有許多遞延所得稅負債的上市公司，第1季獲利大幅衰退或轉為虧損，以圖表3-1-2而言，可以發現這些公司到了2018年第2、3季，獲利均已回復以往水準，甚至還有不少公司獲利大幅成長。

2018年第1季財報出來後，有不少投資朋友認賠殺出，實際上是不了解財報，也由於第1季的EPS會包含在

2018年全年EPS裡面，因此2018年的EPS合計數仍可能較2017年全年衰退，通常這類股票會被投資人摒除在選股名單外（裡面不乏獲利穩定的定存股），等到2019年5月第1季財報出來時，投資人發現這些公司獲利回復往日水準，才有可能受到青睞。理性的投資人，反而會趁修正時擇優入手。

投資的路上也許充滿荊棘，唯有具備專業知識，才能順利抵達財務自由的目標。

圖表 3-1-2	遇稅法修正造成獲利衰退公司逐季EPS 單位：元					
股票代号	股票名稱	2017年第1季	2018年第1季	2017年第2季	2018年第2季	2017年第3季	2018年第3季
1104	環泥	0.43	0.01	0.60	0.63	0.53	0.53
2701	萬企	0.17	0.02	0.26	0.22	0.25	0.29
2706	第一店	0.21	0.01	0.31	0.27	0.31	0.34
2428	興勤電子	1.61	0.76	3.0	2.4	1.82	2.7
2476	鉅祥	0.16	-0.2	0.54	0.73	0.83	0.56
2488	漢平	0.51	-0.1	0.58	1.43	0.86	1.4
3189	景碩科技	0.31	0.02	0.14	0.21	0.62	0.54
6197	佳必琪	0.37	0.02	0.54	0.85	0.77	0.84
9914	美利達	1.01	0.02	0.49	1.82	1.35	2.23

資料來源：算利教官整理

3-2

貪股利卻住套房
高殖利率選股要三思

> 燦星網 2014 年因處分土地創造大幅獲利，2015 年
> 配發 4 元股利，殖利率高達 10.4%，幾年後股價跌
> 到 13.8 元，不少散戶為了 4 元股利套在最高點。

不少利用股利創造被動收入的存股族，特別在意股票殖利率的高低，甚至以此作為選股策略，也不少人因此被「高殖利率」的假象誘騙。長期投資，以殖利率選股有幾件事要特別注意。

實質報酬率 比殖利率更重要

每年百合花盛開的季節，同時也是上市櫃公司密集召

開股東會及除權息的季節，常常有很多朋友問我基於稅負
考量，是否要參與除權息？以我個人而言，不會因為避稅
的原因去賣股，因為當買進股票時，個人所得稅稅率本來
就是應該考量的因素，並且據此推估實質報酬率。

2018年1月18日《所得稅法》部分條文修正通過，並
且於2018年1月1日開始適用，對於存股族最大的影響是可
扣抵稅額有天花板。

簡單來講，股利所得課稅方式有2種，一是併入綜合所
得稅計算，並按照股利金額8.5%計算可扣抵稅額，每戶上
限8萬元，也就是全年股利金額94萬元（8萬÷8.5%）以下
可全額抵減，第2種是以股利所得的28%計算稅額，與所得
稅分離課稅不扣抵。

每個人的適用稅率不同，但採用第1種方式的可扣抵稅
率統一為8.5%，一般而言，個人綜所稅稅率12%（含）以
上的股東參與除權息得補稅，而所得稅率5%的股東參與除
權息則可退稅3.5%，實質的殖利率會更高，所以更樂於參
與除權息。

不過，綜所稅率適用30%以上的股東，反而因為《所

得稅法》的修正得利，因為可以選擇28%單一稅率分離課稅參與除權息，雖然對大股東而言還是要繳不少稅，但是比起30%以上的稅率，不見得會吃虧。

我以大家最喜愛的中華電信（2412）為例，2022年中華電配發現金股息4.608元，以可扣抵稅率8.5%計算，1張中華電的可扣抵稅額就是391.68元（4.608元×1,000股×8.5%），股利總額就是4,608＋392＝5,000元。

重頭戲來了，如果你是適用5%所得稅率的人，假若在6月5日以126元買進中華電，殖利率為3.66%（現金股利

圖表 3-2-1 2022年中華電（2412）各級稅率除權息實質報酬					
項目	各級稅率				
稅率（%）	5	12	20	30	40
股利收入（元）	4,608	4,608	4,608	4,608	4,608
可扣抵稅額（元）		391.68		分離課稅28%不扣抵	
應繳所得稅（元）	230.4	552.96	921.6	1,290.24	1,290.24
實質報酬（元）	4,769.28	4,446.72	4,078.08	3,317.76	3,317.76
實質報酬率（%）	3.78	3.53	3.23	2.63	2.63

資料來源：算利教官整理
說明：把實質報酬當成發放的股利，再除以股價，即為換算後的實質報酬率。以5%稅率為例，發放股利為
　　　4,769.28元，除以股價126元，實質報酬率即為3.78%。

÷股價＝4.608÷126），看起來還是比銀行定存好多了，然而，若再加計所得稅及可扣抵稅額，適用5%所得稅的投資人，實質報酬率提升到3.78%（圖表3-2-1），但是適用12%、20%、30%及40%稅率的人，通通都得補繳稅，導致於他們的實質報酬率分別降為3.53%、3.23%、2.63%及2.63%。

善用借券功能 省稅還多賺費用

由此可以了解，為何股價會有漲跌，就是因為每個人的實質報酬率不同，40%高所得稅率的人，怎麼可能會在126元時買進中華電來存股，以獲取2.63%的報酬，當然要在越低的價格買進中華電才會有相同的實質報酬率，所以不要再到處問老師：股價多少可以買？因為每個人稅率與資金的機會成本均不相同。

所以不難發現，近幾年來翻閱上市櫃公司的年報，越來越多大股東將持股轉入投資公司，以法人名義持股，如此一來可以避開以個人名義持有，須負擔的高所得稅率，

而且還可以還免繳2.11%的補充健保保費（法人是組織單位，在法令上不會生病，只有自然人會生病，才要繳補充健保費）。

至於很多朋友會問我，若是屬於12%（含）以上稅率的人要如何節稅呢？以我個人的作法是，在除權息日前把手裡的股票全數以較低費率出借，為什麼要這樣做？只要我手裡的股票被借走賣出，並且跨過除權息後才返還給我，透過權益補償機制，所有的現金股息跟股票股利都會返還到我的帳戶，1毛錢也不會少。

而且此時透過權益補償機制返還的股息跟股票股利，均屬於證券交易所得，依法目前證券交易所得不課稅，所以也不用納入個人綜合所得稅，既然免納入個人綜合所得稅，當然也免繳2.11%的補充健保費，可以合法達到節稅目的。

▶▶▶ P.141
當然，雖然壓低股票借券費率，仍然會有一點借券收入，等除完權息後通常我就會召回出借的低費率股票，拉高出借費率再出借，以賺取更多的借券收益。

▶▶▶ 🔍 投資學堂

▶▶▶ 借券費率如何設定？

辦理出借手續時，出借人可以自行設定出借費率（0.1% ～ 16%，以 0.1% 為升降單位），若不清楚應該設定多少費率，在台灣證交所網站的「歷史借券成交明細」查詢，可以找到歷史的成交費率，也可由券商代為決定。一般而言，出借條件不要設得太高，較能增加出借股票的機會。

出借人可以提前召回，借券人也能提前還券，但返還股票及擔保金通常需要 1 ～ 3 個工作天，因此借券不適合短線投資人。借券收入算法如下：

> **出借收入＝**出借股數 × 借貸標的於借貸期間每日收盤價 × 出借費率 × 出借天數 ÷ 365 天
>
> **出借收入淨額＝**出借收入－代扣稅款－出借手續費

避開高殖利率假象 以免慘賠

殖利率高是好事嗎？不必然，殖利率高有可能是一次性收入分配，也可能是獲利下降導致股價下跌，且股價下跌幅度大於現金股息與股票股利下跌幅度，所以評估殖利

率的前提是，獲利不能衰退，而且最好是最近5年平均EPS
是穩定或成長，來看看幾個案例。

案例①　用保留盈餘維持高殖利率

最經典的就是陞泰（8072），陞泰2008年淨利有15
億元，每年獲利持續衰退，到2014年淨利僅剩下3,900萬
元，但因為帳上保留盈餘充足，所以歷年配息均能維持高
殖利率（圖表3-2-2），而維持高殖利率的原因就在於配息
下跌幅度，小於股價下跌幅度，若投資人看中陞泰的高殖
利率進場，很容易套牢。

目前看來這家公司雖然帳上現金充足，但是本業營收
及獲利仍然持續衰退，2017年宣布減資20%退回2元現
金，然而安全監控產業在中國殺價競爭的狀況下，競爭仍
屬嚴峻，減資雖然有提升EPS的效果，投資人對於這類公司
應關注於淨利絕對數字是否提升，而非殖利率，否則非常
容易住進套房。

案例②　用一次性收入配發股息

燦星網（4930）在2014年底處分內湖土地獲利8.1億
元，使得該年度財報認列其他利益達到7.6億元（圖表3-2-

圖表 3-2-2	陞泰（8072）近年殖利率表現			
資料日期	股價（元）	本益比	殖利率（%）	股價淨值比
2008/12/31	81.5	7.98	8.4	2.09
2009/12/31	107.5	13.62	5.58	2.63
2010/12/31	87.9	11.85	6.83	2.08
2011/12/30	90	10.94	7.78	2.07
2012/12/28	88.5	10.42	7.91	1.96
2013/12/31	84.2	13.58	8.31	1.9
2014/12/31	50.3	22.97	39.76	1.89
2015/12/31	25.3	12.46	5.65	0.93
2016/12/30	22.25	41.2	4.49	0.83
2021/6/5	24.25	41.1	1.44	0.89

圖表 3-2-3　陞泰（8072）股價走勢

資料來源：CMoney法人投資決策系統，2008/12～2022/8。

4），隔年（2015年）財報出來後，配發4元股利，股價登
上自2011年以來的高點38.1元，殖利率高達10.4%。

　　宣布股利政策及財報公告前，燦星網10張以下散戶持
股比率僅14.54%（圖表3-2-5），宣布股利政策及財報次
年，散戶持股大增至19.24%（圖表3-2-6），10張以下股
東人數增加了2,260人，代表前一年的股利政策吸引不少
散戶進場。領完股息之後呢？隨後幾年燦星網僅配發股息
0.3元，股價也跌到了13.8元，投資人為了4元股息進場，
狠狠被套在最高點。

　　同樣的，2017年有一家公司全銓（8913），透過

圖表3-2-4　**2014年燦星網（4930）財報**

項目	附註	103 年 度 金 額 %		102 年 度 金 額 %	
4000 營業收入	六(二十)及七	$ 13,666,409	100	$ 13,933,957	100
5000 營業成本	六(五)(二十三) 及七	(11,801,231)	(86)	(12,228,119)	(88)
5900 　營業毛利		1,865,178	14	1,705,838	12
營業費用	六(二十三)				
6100 　推銷費用		(738,373)	(5)	(800,795)	(6)
6200 　管理費用		(684,984)	(5)	(717,412)	(5)
6300 　研究發展費用		(330,780)	(3)	(310,773)	(2)
6000 　　營業費用合計		(1,754,137)	(13)	(1,828,980)	(13)
6900 　營業利益(損失)		111,041	1	(123,142)	(1)
營業外收入及支出					
7010 　其他收入	六(二十一)	311,991	2	226,194	1
7020 　其他利益及損失	六(二十二)	766,046	6	21,854	-
7050 　財務成本		(69,054)	(1)	(30,854)	-
7060 　採用權益法認列之關聯企業 及合資損益之份額	六(七)	(24,679)	-	(18,587)	-
7000 　　營業外收入及支出合計		984,304	7	198,607	1
7900 　稅前淨利		1,095,345	8	75,465	-
7950 　所得稅費用	六(二十四)	(69,448)	-	(12,755)	-
8200 　本期淨利		$ 1,025,897	8	$ 62,710	-

資料來源：公開資訊觀測站

圖表 3-2-5 宣布股利前 燦星網（4930）散戶持股比率

持股／單位數分級	股東人數	持股比率（%）	持股／單位數分級	股東人數	持股比率（%）
1～999	10,301	2.09	100,001～200,000	30	3.33
1,000～5,000	5,702	8.79	200,001～400,000	23	4.85
5,001～10,000	646	3.66	400,001～600,000	8	2.83
10,001～15,000	233	2.17	600,001～800,000	6	3.13
15,001～20,000	99	1.33	800,001～1,000,000	1	0.63
20,001～30,000	125	2.39	1,000,001以上	8	58.83
30,001～50,000	86	2.55	—	—	—
50,001～100,000	66	3.42	合計	17,334	100

資料日期：2015/3/14，算利教官整理。

圖表 3-2-6 宣布股利後 燦星網（4930）散戶持股比率

持股／單位數分級	股東人數	持股比率（%）	持股／單位數分級	股東人數	持股比率（%）
1～999	10,370	1.9	100,001～200,000	30	3.2
1,000～5,000	7,596	11.74	200,001～400,000	18	3.72
5,001～10,000	943	5.6	400,001～600,000	4	1.35
10,001～15,000	290	2.75	600,001～800,000	3	1.55
15,001～20,000	170	2.35	800,001～1,000,000	3	2.01
20,001～30,000	136	2.59	1,000,001以上	5	55.95
30,001～50,000	98	2.91	—	—	—
50,001～100,000	45	2.39	合計	19,711	100

資料日期：2016/5/5，算利教官整理。

減資及處分萬華房屋土地資產，使得第1季EPS高達24.47元，加上現金股息5元，另外盈餘轉增資每股配發93.8元，合計每股股利高達113.8元，股價由21.05元起漲，財報公布當週，10張以下散戶搶進800張股票，而公告配息2個月內共搶進2,800張的股票，當這家公司陸續幾年處分掉賺錢的金雞母以後，未來要靠什麼賺錢當然就不知道了，於是在2019年10月15日宣布下市。

投資股票，能夠在買進前多加盤算，衡量買進個股的理由、條件與實質投資報酬率，你就無須在除權息時因課稅因素或股價變動，內心徬徨不安，做個樂活自在的投資人。

圖表 3-2-7	全銓（8913）散戶持股比率變化		
日期	10張以下股東人數	10張以下股東持股比率（%）	當日股價（元）
2017/5/5	3,543	12.94	33.6
2017/4/28	3,207	11.01	43.2
2017/4/21	3,247	11.15	42.55
2017/4/14	3,256	11.13	42.2
2017/4/7	3,241	10.81	45
2017/3/31	3,272	10.82	42.2
2017/3/24	3,012	9.41	40.95
2017/3/17	3,058	9.54	38.5

資料來源：算利教官整理

99

不管任何行情
永遠都能找到好股票

> 常聽到投資朋友問,指數這麼高了,還可以進場嗎?
> 利用「算利方程式」可以找出獲利營收成長、股價在
> 均價以下的個股,好股票也要有好價格買進。

台股加權指數在2022年1月來到18,619.61點,創下歷史新高,一直到7月時,市場當沖交易金額都很龐大,約占市場40%以上(圖表3-3-1),顯示股票市場投機風氣盛行,部分當沖交易客甚至貼出單日當沖金額高達數億元的對帳單,如此建構出來的台股交易量,是否健康?

我想對於券商、金融業及財政部而言是拍手叫好,因為可以多收一些手續費、證券交易費及稅捐,但是對於散戶投資人而言,反而在這種市場更應審慎選股。

圖表 3-3-1	2022年7月當日沖銷統計明細			
日期	台股 總交易戶數	當沖 交易戶數	當沖交易買賣金額 加總（億元）	當沖金額占市場比率 （%）
7月5日	526,284	120,301	2,403.63	45.82
7月6日	600,812	109,201	2,139.79	42.66
7月7日	506,985	120,644	2,325.01	44.65
7月8日	550,190	126,115	2,344.4	44.92
7月11日	454,405	89,349	1,519.62	43.34

資料來源：台灣證券交易所

　　從相關資料統計，可以發現上櫃市場的當沖比率又比上市市場來得高，主要原因是上櫃公司通常股本較小，股價容易拉抬，所以存股族要買進個股前，建議先了解鎖定標的近期當沖量比率，當沖比率相對較高時不適宜進場存股，以免存股變成「存骨」了。

從營收獲利成長 找出低價好股

▶▶▶ P.150

　　再從證交所、證券商及證金營業處所借券餘額變動（圖表3-3-2），可以了解到2022年市場的看法分歧，所以在這時間點也可能有好股票被錯殺，遇到這種情況，散

▶▶▶ 🔍 投資學堂

▶▶▶ 借券餘額 vs 借券賣出餘額

　　當投資人認為股票會下跌，可以向券商借股票賣出，等股價下跌後再買回還券，達到「低買高賣」的獲利操作，即所謂的融券。借券簡單的概念是，券商沒有股票可以出借時，會向持有的投資人詢問是否願意出借股票，出借者可以賺取利息。

　　「借券餘額」指的就是每日借券的數量，「借券賣出餘額」，則是指借券賣出的數量，兩者差別在特定人借入股票，不一定會在證券市場賣出，舉例來講，外資將資金匯入台灣後，依規定須在一定時間內投入市場，遇到股市不理想，也會用借券的方式將資金投入。

　　一般來說，當借券賣出餘額增加，代表法人對整體市場或特定股票看空，而通常借券餘額和借券賣出餘額呈現高度相關。

圖表 3-3-2　2022年7月借券合計規模及變動

資料來源：台灣證券交易所
說明：總計證交所借券系統與券商、證金營業處所資料。

戶投資人選股要以基本面為主，選股不選市，買進遭低估的好股票，這樣不但可以領股息，若個股有大行情時，還可以賺取資本利得。

　　究竟股市高點能不能有機會找到好股票存股呢？常聽到投資朋友的問題就是，指數這麼高了，還可以進場投資嗎？高點進場買股票會不會很危險？如果是穩定的存股族，在近幾年存股盛行下，不少定存股的價格都處於高檔，我會運用類似布林通道的概念，利用「算利方程式」App找出獲利營收成長，股價卻在均價以下的個股，大部分都有亮眼的表現。

　　也可以運用算利方程式輕鬆找出目前上市櫃1,775檔個股（截至2022年7月12日），有哪些股票目前股價被低估，好股票也要有好價格買進。

　　依據2022年7月12日統計資料分析（算利方程式附表明細請掃描上方QR Code），上市、上櫃公司有911家股價低於近5年平均價格，也就是51%個股股價反而在1萬4千點行情處於相對低檔，投資人應該還是可以專注在是否有個股股價被低估，或找出短期逆風的好股票。在911家

公司中，有約484家營業利益是成長的，其中還有398檔個股本益比低於20倍，當縮小範圍後，我們就可以更快速地調閱財報，找到值得關注的個股。

避開衰退中產業 分散投資保平安

是不是運用算利方程式找出的個股就是值得低檔介入的好股票呢？還是要思考個股所屬的產業是否屬於衰退中、未來會消失的產業。

舉個例子好了，以前開車族都會買Papago及Garmin的GPS導航，可是自從Google提供免費的行車導航後，大家都不會花錢去買導航機了；以前學生為了學英文，人手一機的無敵翻譯機，自從智慧型手機上市後，搭配Google的免費全文翻譯，再也沒有看到學生拿著翻譯機查字典，無敵（8201）的股價由2008年的83.6元，崩跌至2022年8月時只剩12元上下。

而2008年正是智慧型手機剛上市的時候，當時我看到學生用無敵翻譯機，都跟他們說幹嘛花個7、8千買一

台只能查單字功能的翻譯機？還不如買支智慧型手機安裝翻譯軟體即可。如今回頭看來，任何商品，只要智慧型手機有相對應的App，未來都會消失，所以現在也沒人買電子計算機（除了專業人士），年輕人大部分也不使用鬧鐘了，這些手機App都能夠取代。

近期電動車議題發燒，相關產業的股票短線漲幅驚人，未來趨勢不可逆，但追逐議題時還是得思考，不是跟電動車、燃料電池扯上邊就穩賺不賠，市場價格決定在供給與需求，當大家都投注到同一個領域，需求不足時價格就會崩跌，就像太陽能是很好的環保課題，也曾經殞落過。

至於汽車周邊零組件類股，在電動車發展上亦將呈現兩樣情，輪胎、車架、板金、內裝都會因為新車汰換的需求成長，而汽油車專屬的零配件，如火星塞、油管、離合器組等需求，在可預見的未來勢必衰退，投資侷限在這類業務的公司就得審慎考量。

隨著數位化、科技化與人工智慧的演進，現代企業的發展也與時俱進，投資人除了培養敏銳的分析能力外，也應適度分散投資，才能永保安康。

營收創新高
該從哪些角度解析？

> 看到一家公司營收創新高時，買進前要進一步檢視財報狀況，若出現毛利率下跌、獲利來自轉投資的控股或類控股公司卻不穩定等情況，就要小心。

營收創新高時，獲利是不是一定會跟著大增？這個答案是否定的，因為有時候營收大增是因為殺價競爭造成營收成長，但是犧牲了毛利率進而影響獲利，此外，營收大增也可能像塑化業、油氣燃電業，因原物料成本大漲而反映在市場銷售價格的增加，但是若價格調漲幅度不能全然反映成本的上升，反而會因為毛利率減少，造成獲利下跌。

以大汽電（8931）2022年第1季財報為例，大汽電

圖表 3-4-1　大汽電（8931）2022年第1季財報

代碼		111年1月1日至3月31日		110年1月1日至3月31日	
		金　額	%	金　額	%
	營業收入（附註十八及二五）				
4100	銷貨收入	$364,033	80	$321,607	80
4600	勞務收入	93,786	20	81,352	20
4000	營業收入合計	457,819	100	402,959	100
	營業成本（附註九、十九及二五）				
5110	銷貨成本	(355,835)	(78)	(266,593)	(66)
5600	勞務成本	(60,019)	(13)	(56,878)	(14)
5000	營業成本合計	(415,854)	(91)	(323,471)	(80)
5900	營業毛利	41,965	9	79,488	20
	營業費用（附註十九及二五）				
6100	推銷費用	(6,061)	(1)	(4,791)	(1)
6200	管理費用	(17,650)	(4)	(22,519)	(6)
6300	研究發展費用	(4,115)	(1)	(2,744)	(1)
6000	營業費用合計	(27,826)	(6)	(30,054)	(8)
6900	營業淨利	14,139	3	49,434	12

資料來源：公開資訊觀測站

營業收入4.57億元，相較2021年第1季的4.02億元成長13.68%，然而營業淨利（營業收入扣除營業成本與營業費用的獲利）卻是從2021年第1季4,943萬元，下降到2022年第1季的1,413萬元，衰退幅度高達71.41%（圖表3-4-1）。

　　持有這樣股票的投資人，心情肯定如洗三溫暖一般，

接下來就來教各位如何面對問題、拆解財報。

毛利率大幅衰退 影響公司實質獲利

從圖表3-4-1可以看出,大汽電營業毛利從20%衰退到9%,營收大幅成長,毛利卻大幅下降,這必然就是我們要了解的地方。

大汽電為汽電共生廠,主要能源是採用燃煤,賣給台電的電價是採用躉售電價,也就是每年定期由經濟部審定公告,然而,2022年的躉售電價在年初就已經審定公告,而經濟部審定的依據是用2021年國際能源價格預估,結果2022年初烏俄戰事導致國際燃煤價格大漲,以躉售費率售電肯定吃虧。

有些朋友會問,台汽電轉投資的幾家天然氣發電廠為何沒有受到影響?主要的原因是台汽電轉投資的天然氣電廠與台電的售電合約,售電價格方式不一樣,是依據公式隨著能源價格變動,這些電廠因此避開了2022年的全球能源風暴。

　　大汽電的例子就告訴我們，看到一家公司營收創新高時，決定買進前一定要進一步檢視財報狀況。

檢核財務合併報表 找出營收增加來源

　　再回顧另一個例子，大豐電（6184）是我長期持股之一，2018年9月7日大豐電公告營收創新高，年增達到1.28%，這有點顛覆我長期投資有線電視的想法，因為有線電視內容實際上是逐漸式微，主要靠有線電視寬頻客戶成長彌補衰退的收視戶，所以看到這樣的新聞，我會依序檢核幾個要點：

▶▶▶ P.158

　　① 個股營收創新高，要先檢核有沒有合併報表公司變動，尤其是否有權益法公司變成合併報表公司，因為只有合併報表公司的營收會併入母公司月營收。

　　② 公共事業在有線電視一般是採用預收1季費用，所以同步檢核預收費用是成長或衰退。

　　③ 是否有非經常性的轉投資事業收入，如旗下營建公司銷售房屋收入。

調閱大豐電2018年半年報，發現旗下母公司轉投資大大數位網路，持股由42.76%增加至67.99%，子公司轉投資大大數位網路持股由26%增加至32%，因為母公司總持股合計就超過50%（42.76%＋26%），所以納入合併報表，可以肯定營收增長是來自於本業，而非因為權益法投資公司改為合併報表公司而使營收成長。

▶▶▶ 🔍 投資學堂

什麼是「合併財務報表」？

當公司擴大經營，不論是以併購、新設或轉投資方式持有其他公司股份，會被視為同一經濟體，將子公司財報併入母公司，而依母公司持股多寡財報有不同認列方式：

①**金融資產**：當持有股份小於 20% 視為金融資產投資，在資產負債表上以流動資產表達，按公允價值衡量金融資產認列相關投資損益。

②**權益法認列投資**：持股介於 20% ～ 50%，可以說是大股東，對公司營運有關鍵影響力，在資產負債表列為權益法投資認列損益。

③**權益法合併報表**：當持股大於 50% 時對公司具有控管力，會將 2 家公司的現金、設備、借款等資產及負債合併，共同呈現在財報上。

圖表 3-4-2　大豐電（6184）合併報表公司明細

2.列入合併財務報告之子公司：

投資公司名稱	子公司名稱	業務性質	所持股權百分比			說明
			107年6月30日	106年12月31日	106年6月30日	
大豐有線電視股份有限公司	台灣數位寬頻有線電視股份有限公司	有線電視系統經營業等業務	100.00%	100.00%	100.00%	－
大豐有線電視股份有限公司	大大寬頻股份有限公司	第二類電信事業等業務	100.00%	100.00%	100.00%	－
大豐有線電視股份有限公司	大大數位網路股份有限公司	電纜安裝工程、管理顧問、一般廣告服務等業務	67.99%	42.76%	42.76%	註1
台灣數位寬頻有線電視股份有限公司	大大數位網路股份有限公司	電纜安裝工程、管理顧問、一般廣告服務等業務	32.00%	26.00%	26.00%	註1

資料來源：公開資訊觀測站

營收來自子公司 留意獲利穩定性

此外，再來看看預收收視費用，會計準則客戶合約 IFRS 15規定，預收費用會放在流動負債，等實際使用到的 月份才能轉列為收入，以2018年第1季為例，季底預收收 視費及網路連線費用合計為2.79億元，以預收收視費效期 約3個月，扣除3月當月，約4、5月可各認列1.38億元。

　　2018年第2季合約負債（預收收視費跟網路連線費衰退到2.66億元，如圖3-4-4），推估7、8月分別可認列1.33億元，若從此處來看，8月的營收大增，與預收收視費衰退，看來有些違和。

　　由於大豐電仍有頻道出租、廣告及其他營業收入未列入預收收視費（如圖3-4-5），這一塊每月約1,700萬元，8月大幅成長是否跟選舉廣告量大有關（連選里長都有候選人在第4台打廣告），在財報未公告前不能單靠營收判斷。

　　從以上2家公司案例可以知道，營收增加，獲利未必一定會增加，有許多要項必須檢核，尤其是當一家公司主要獲利來自於轉投資的控股或類控股公司，此時反而要注重的是轉投資公司獲利的穩定性。

圖表 3-4-3　大豐電（6184）2018年第1季合約負債

2.合約負債

本集團認列客戶合約收入相關合約負債如下：

	107年3月31日
合約負債：	
合約負債-預收收視費	$　　208,490
合約負債-預收網路連線費	71,174
合計	$　　279,664

資料來源：公開資訊觀測站

圖表 3-4-4　大豐電（6184）2018年第2季合約負債

2.合約負債

　　本集團認列客戶合約收入相關合約負債如下：

	107年6月30日
合約負債：	
合約負債－預收收視費	$ 191,118
合約負債－預收網路連線費	74,965
合計	$ 266,083

資料來源：公開資訊觀測站

圖表 3-4-5　大豐電（6184）營業收入細項

（十六）營業收入

	107年4月1日至6月30日	106年4月1日至6月30日
視訊收入	$ 326,735	$ 312,377
寬頻服務收入	111,269	101,493
頻道出租收入	33,024	33,020
廣告收入	9,381	9,143
其他營業收入	8,985	10,059
	$ 489,394	$ 466,092

	107年1月1日至6月30日	106年1月1日至6月30日
視訊收入	$ 646,652	$ 594,339
寬頻服務收入	221,230	199,395
頻道出租收入	66,047	66,363
廣告收入	18,762	18,839
其他營業收入	17,897	19,260
	$ 970,588	$ 898,196

資料來源：公開資訊觀測站

稅前利益率大增 只看月營收可能失真

再以台汽電（8926）近幾年損益彙總資料為例（圖表3-4-6），可以發現台汽電「營業外收入及支出」項目占獲利比重極高，「營業利益」反而顯得不重要，可是最主要的獲利來自於營業外收入及支出主要是轉投資持股50%以下的電廠，而這些電廠的營收並不會反映及合併到台汽電的月營收，因為財報上併入合併報表的公司，通常為持股超過50%

圖表 3-4-6	台汽電（8926）損益總表			單位：千元	
財報年	營業收入	營業成本	營業毛利	營業費用	營業利益
2013	2,672,820	2,771,099	-98,279	179,089	-277,368
2014	1,651,180	1,387,886	263,294	207,303	55,991
2015	1,546,915	1,249,699	297,216	177,370	138,740
2016	1,178,012	883,020	294,992	180,601	153,459
2017	1,209,414	931,140	278,274	210,882	99,263
2018	3,814,274	3,368,139	446,135	214,531	262,794
2019	7,186,086	6,671,356	514,730	240,178	302,941
2020	9,313,724	8,592,737	720,987	282,558	469,285
2021	6,406,996	5,630,497	776,499	364,157	440,225

資料來源：算利教官價值投資系統i-stock

以上的子公司，遇到這類公司，投資人就應該避免用月營收來做投資決策。

以2022年第1季上市公司損益資料為例（圖表3-4-7），可以發現這些公司稅前利益率遠遠大於營業利益率，當看到這種情形通常有2種原因，一是公司有一次性的利益，導致稅前利益率遠大於營業利益率，以晟德（4123）為例，每100元的營收，營業利益率高達111.08%，稅前利益率高達751.09%，代表公司主要獲利肯定來自於一次

營業外收入及支出	稅前淨利或淨損	所得稅費用	繼續營業單位本期淨利或淨損	本期淨利或淨損	累計EPS（元）
1,071,537	794,169	28,090	766,079	766,079	1.3
1,698,303	1,754,294	25,854	1,728,440	1,728,440	2.93
1,015,145	1,153,885	91,984	1,061,901	1,061,901	1.8
836,791	990,250	41,284	948,966	948,966	1.61
888,279	987,542	20,475	967,067	967,067	1.65
413,374	676,168	7,304	668,864	668,864	1.14
799,697	1,102,638	6,303	1,096,335	1,096,335	1.86
651,839	1,121,124	50,541	1,070,583	1,070,583	1.81
586,176	1,026,401	121,012	905,389	905,389	1.52

股票代號	股票名稱	營業毛利率	營業利益率	稅前利益率	累計營收增長率	殖利率	股價淨值比	近9年平均EPS（元）
4123	晟德	49.39	111.08	751.09	22.74	6.91	1.42	3.8
9945	潤泰新	22.76	14.94	75.49	20	12.07	1.71	9.38
4763	材料-KY	31.46	14.7	54.89	41.18	5.16	3.07	5.72
2504	國產	19.24	13.72	49.75	-4.45	7.42	1.2	0.6
1423	利華	29.55	13.66	52.92	-5.94	4.01	0.82	0.41
6155	鈞寶	28.21	11.93	39.34	2.32	3.96	1.26	1.03
1104	環泥	19.07	11.21	37.31	12.93	4.48	0.72	2.01
1777	生泰	22.3	8.55	26.83	-8.43	2.96	1.4	4.5
1229	聯華	18.05	7.99	55.02	20.94	4.06	2.03	2.32
2904	匯僑	22.97	7.34	33.58	-7.41	3.83	1.45	1.84
4303	信立	23.34	6.52	75.61	-6.79	5.43	1.36	3.06
6762	達亞	31.2	6.26	33.36	-4.67	2.4	4.1	8.36
2375	凱美	17.52	6.11	19.76	-9.62	3.58	0.84	4.64
1339	昭輝	21.77	5.45	28.77	2.91	4.96	0.87	3.67
6405	悅城	25.81	5.23	30.52	-0.72	10.39	0.46	1.69
2611	志信	25.79	4.4	20.12	21.93	9.9	1.19	0.18
6506	雙邦	15.53	4.37	36.28	17.59	11.05	1.19	1.31
6654	天正國際	23.67	4.37	21.79	-6.05	9.18	1.74	4.49
3086	華義	55.87	4.2	15.59	-6.78	3.85	6.18	-1.14

圖表 3-4-7　2022年上市公司稅前利益率摘要　　單位：%

資料來源：算利教官價值投資系統i-stock，2022/6。

164

性利益或是轉投資權益法收益。

　　此外，潤泰新（9945）第1季的稅前利益率高達75.49%，遠高於營業利益率14.94%，因為潤泰新也是控股公司，所以轉投資收益才是主要關注的對象，追蹤潤泰新的月營收反而會失真，無法了解真實獲利情況。所以看到一家公司稅前利益率數字亮眼時，可以調閱財報逐一檢視主要獲利結構，若是主要獲利結構來自於本業，追蹤月營收才比較有意義，關於這部分的討論，會在章節3-6進一步詳細說明。

從財報關鍵科目
挖掘未來潛力股

"
公司處分資產認列一次性收益時，經常激勵股價上漲，這些利多散戶投資人有沒有辦法提前掌握呢？答案是有的，但也必須留意其中暗藏的細節。
"

近年來有許多公司公告處分廠房土地資產認列一次性收益，導致當年度財報獲利數字表現亮眼，因此讓公司股價獲得激勵，往往有一段不錯的波段漲幅，也吸引部分投資人進場買股票，但若因此買在高點，隔年該公司營收表現不如預期，可能從此住進套房。

想要提早布局賺波段獲利，該怎麼做？很多人不知道，其實處分資產利益很少憑空出現，財報上會提前透露訊息，有什麼撇步嗎？讓我一一道來。

認列一次性收益 未必帶來獲利成長

▶▶▶ P.167

資產負債表上面有一個科目叫做「待出售非流動資產（或處分群組）」，看到這個科目出現，就代表1年內這筆待出售非流資產動或處分群組很有機會被處分，處分後可能認列損益。近年來工業用地廠房價格不斷上漲，但大部分公司持有的土地廠房是很多年以前購得，所以普遍而言，處分後可以認列大筆獲利。

▶▶▶ 🔍 投資學堂

▶▶▶ 認識財報「待出售非流動資產或處分群組」科目

當一項非流動資產將透過出售（而非繼續使用）將帳面金額收回，則歸類為待出售非流動資產。依國際財報準則說明，該資產必須能在目前情況下，依照一般條件和商業慣例可供立即出售，且出售必須高度很有可能。

「且出售必須高度很有可能」是指該資產要符合以下條件：①已核准出售計劃；②已積極尋找買主；③已參照現時公允價值積極洽商交易；④出售交易應於 1 年內完成；⑤出售計劃極少可能有重大改變或終止情事。待出售非流動資產衡量方式為，按帳面金額與公允價值減出售成本較低者衡量。

　　舉例來講，2019年5月17日勤益控投（1437）公告處分上海子公司，預估認列處分利益5.7億元，讓勤益控投在2019年上半年EPS成長到3.68元，相較2018年同期成長384%，然而，這些利多散戶投資人有沒有辦法提前掌握呢？

　　答案是有的，就是利用財報中待出售非流動資產（或處分群組）這個科目觀察，以下用近年幾檔個股的不同狀況來說明，如何提前掌握公司處分資產賺取價差，不過，也不是有待出售非流動資產（或處分群組）就一定能帶來EPS成長。

　　國產（2504）在2021年第4季財報顯示待出售非流動資產（或處分群組）淨額為5億7,331.5萬元（圖表3-5-1），隨後在2022年1月3日完成高雄市三民區土地及建物處分，實際處分金額為23.5億元，處分利益16.3億元，也因為這項交易使得國產2022年第1季EPS從前一年同期0.45元，大幅提升至1.77元，國產股價也在2022年第1季財報公告後創下近年新高32.75元（圖表3-5-2）。

　　泰豐（2102）在2021年第3季財報中列出待出售非流

圖表 3-5-1 **國產（2504）2021年財報**

代碼	會計項目	附註	一一〇年十二月三十一日 金額	%	一〇九年十... 金額	%
	資　　產					
	流動資產					
1100	現金及約當現金	四及六	$2,518,161	7	$2,485,369	7
1110	透過損益按公允價值衡量之金融資產－流動	四及六	-	-	994	-
1120	透過其他綜合損益按公允價值衡量之金融資產－流動	四、六及八	846,720	2	762,048	2
1136	按攤銷後成本衡量之金融資產－流動	四、六及八	160,272	-	145,063	-
1150	應收票據淨額	四、五、六及七	1,657,211	5	1,664,346	5
1170	應收帳款淨額	四、五及六	5,415,224	15	5,793,284	18
1180	應收帳款－關係人淨額	四、五、六及七	27,521	-	7,094	-
1200	其他應收款	六	59,547	-	408,544	1
1210	其他應收款－關係人	七	22,899	-	11,852	-
1220	本期所得稅資產	四	63	-		
13xx	存貨	四、六及八	653,756	2	752,976	2
1410	預付款項	七	595,683	2	500,440	1
1460	待出售非流動資產淨額	四及六	573,315	2		
1470	其他流動資產		478	-	1,755	-
11xx	流動資產合計		12,530,850	35	12,533,765	36

資料來源：公開資訊觀測站

圖表 3-5-2 **國產（2504）股價走勢**

資料來源：CMoney法人投資決策系統

動資產（或處分群組）淨額為230萬5,964元，財報顯示主要為合併公司分別於2021年6月15日及2019 年11月13日，經董事會決議處分子公司泰誠（4767）全部股權或土地，以及泰鑫全部股權，另於2021年7月22日經泰豐董事會決議，泰誠及泰鑫以全部股權公開標售方式進行處分，但泰豐股東——南港輪胎（2101）針對預計處分泰誠及泰鑫一事，向智慧財產及商業法院聲請暫停處分狀態，若是這筆待出售非流動資產標售，應可認列豐碩的利益。

卜蜂（1215）在2019年第2季財報顯示待出售非流動資產（或處分群組）淨額為5億6,742萬元，而待出售非流動資產直接相關（或處分群組）的負債為3億4,997.4萬元；廣豐實業（1416）在2017年底資產負債表出現待出售非流動資產總額2億2,460.8萬元，到2018年6月30日增加為4億9,690萬元，果不其然，2018年年報總計認列4億3,649.4萬元的處分及報廢不動產、廠房及設備利益。

東華（1418）在2019年6月30日待出售非流動資產（或處分群組）淨額為2億3,544.8萬元，占資產比重達到8.81%，看似未來很可能有一次性處分利益，可是從2019

年第2季股東權益變動表發現，東華尚有未彌補虧損高達4億9,181.5萬元，所以，外來資產處分後得先彌補虧損。

群光（2385）在2018年底待出售非流動資產（或處分群組）淨額為19.6億元，不意外地在2019年上半年認列了6.45億元的處分利益，加上本業獲利成長，股價也從63元爬升到92.2元。

5個觀察重點 確認是否搶先布局

要從這類公司挖寶，有一些需要注意的重點：

重點① 排除投資性不動產項目

因為投資性不動產是依據公允價值認列，所以每季財報均已依據公允價值調整，以至於處分時通常不會有太大價差，若處分資產是採成本法認列，通常在處分時就會有龐大的利益，尤其是老牌公司早期持有的不動產價格成本低廉，較能有處分利益。

重點② 先扣除資產負債

待出售非流動資產（或處分群組）淨額必須先減除該

項非流動資產所屬的各項負債，若減除後差異不大，未來
處分比較不容易帶來較大利益。

重點③ 是否有未彌補虧損

　　一家公司處分非流動資產後，若有盈餘，會不會返還
股東，還是得看公司有沒有未彌補虧損，若是處分利益不
足以彌補虧損，對於股東而言，短期並沒有實質現金流可
分配，就不太適合在此時貿然進場。

重點④ 每年本業均有獲利者優先介入

　　若公司本業年年賺錢，處分的利益對於EPS就有加成效
果，一般而言，用「預估處分利益÷加權平均股數」，可
以推估出對於EPS的影響，倘若讓EPS增加1元，那麼股價增
加1元也是合理的。

重點⑤ 占資產及稅後淨利比重

　　若待出售非流動資產（或處分群組）占資產或稅後淨
利比重高，一般而言，處分後對於EPS的影響會更大，可以
優先納入觀察。

圖表 3-5-3			2022年上半年待出售處分資產高占比公司						單位：千元
股票代號	公司名稱	會計項目（註）	2022/6/30		2021/12/31		2021/6/30	
			金額	占比（%）	金額	占比（%）	金額	占比（%）
2102	泰豐	A	2,521,231	22.18	2,521,231	21.79	0	0
2506	太設	A	928,622	6.62	928,622	6.61	928,622	6.63
2538	基泰	A	3,800,399	17.55	0	0	0	0
3073	天方能源	A	69,672	5.86	69,672	6.38	230,380	21.74
		B	18,730	1.57	19,646	1.8	134,884	12.73
3089	億杰	A	159,505	18.85	0	0	0	0
		B	3,754	0.44	0	0	0	0
4167	松瑞藥	A	514,310	10.19	514,310	11.33	0	0
		B	580,952	11.52	0	0	0	0
4198	欣大健康	A	9,259	2	0	0	0	0
		B	25,801	5.58	0	0	0	0
4306	炎洲	A	1,823,842	6	1,783,926	5.89	0	0
		B	26,444	0.09	25,865	0.09	0	0
4528	江興鍛	A	295,037	6.61	291,681	6.33	0	0
		B	155,247	3.48	190,516	4.14	0	0
4806	昇華	A	47,939	10.15	47,939	10.42	47,939	9.04
		B	32,125	6.8	32,125	6.98	32,430	6.11
4934	太極	A	673,026	17.87	612,792	15.27	0	0
		B	52,870	1.4	51,739	1.29	0	0
4960	誠美材	A	4,477,716	24.01	4,477,716	28.44	0	0
		C	-370,884	-1.99	-370,884	-2.36	0	0
5355	佳總	A	413,839	21.15	412,550	19.61	410,992	18.86
		B	450,563	23.03	450,563	21.42	1,546	0.07
5403	中菲	A	1,651,460	34.9	0	0	0	0
		B	1,011,745	21.38	0	0	0	0
6125	廣運	A	961,162	8.28	894,761	8.52	279,700	2.72
		B	52,870	0.46	51,739	0.49	0	0
8374	羅昇	A	295,185	8.07	312,601	10.24	73,452	2.4
8390	金益鼎	A	291,143	7.66	354,682	10.65	0	0
		B	45,447	1.2	92,017	2.76	0	0

資料來源：算利教官價值投資系統i-stock
註：A指待出售非流動資產（或處分群組）淨額、B指與待出售非流動資產直接相關（或處分群組）之負債、C指與待出售非流動資產（或處分群組）直接相關之權益。

財報空窗期
別急著追月營收報告

> 每年年報要隔年 3 月底才公告,整整會有半年的財
> 報空窗期,往往是炒作股票的好時機。財報空窗期,
> 投資人不用急著進場,多聽、多看、多分析,自能立
> 於不敗之地。

大部分的投資人在每個月初10日之前,都會很關心上市櫃公司的月營收公告數字,月營收的成長與獲利往往成正相關,在毛利率不變的狀況下,月營收成長,獲利當然也會成長,然而,這裡也存在一些盲點,比如某家上市櫃公司的法說會上,法人問董事長:「為何這個月的營收大增,毛利率卻大減,獲利也減少?」董事長笑了笑回覆說,營收大增是因為我們低價傾銷了不少低毛利的庫存,台下法人聽了,只能摸摸鼻子。

　　追蹤月營收比較適用在成本相對穩定的公司，比如以有線電視及高鐵為例，這類公司成本基本上是固定的，並不會因為多1位收視戶或是高鐵乘客而增加太多營運成本，這類公司營收大增，獲利也必然會增加。

　　另外，由於每年第4季含當年年報，要到隔年3月底才會公告，整整會有半年的財報空窗期，往往是炒作股票的好時機，抓住投資人喜歡追蹤月營收增減情形來推估獲利的心態，有心炒股的公司會透過一些手段提高月營收數字，吸引投資人追逐股價，所以來跟各位分享追蹤月營收應該注意的事項。

了解公司獲利結構 避免做出錯誤判斷

　　為何要了解公司獲利結構呢？我篩選了14檔上市櫃公司2022年上半年的營收數字（圖表3-6-1），這些公司稅前利益率（稅前淨利占總營收的百分比）遠遠大於營業利益率，▶▶▶ P.176 以裕日車（2227）為例，裕日車2022年上半年營業利益率為0.48%，而稅前利益率高達10.99%，也就是稅前利益

▸▸▸ 營業利益率和稅前利益率的差別

　　公司靠商品或服務所賺的收入，扣除營運費用及營運成本後，就是營業利益，營業利益占總營收的比率則是營業利益率（營業利益 ÷ 營業收入）。

　　營業利益和稅前淨利有什麼差別呢？從兩者計算公式可以很清楚看得出來，營業利益計算的是公司本業獲利，稅前淨利則包含本業以外的損益。換個角度思考，從稅前淨利率可以檢視企業「本業外損益」的情況，避免買到本業賺錢，但業外虧錢的公司；反之，若稅前淨利率遠高於營業利益率，代表公司業外收入高於本業收入。

> 營業利益＝營業收入－營業成本－營業費用
> 稅前淨利＝營業收入－營業成本－營業費用＋業外損益

率為營業利益率近22.89倍，看來很有故事。

　　想知道個中原因，就得了解裕日車的獲利結構，說穿了就是裕日車本業雖然獲利，但是沒有轉投資的廣州風神賺得多，廣州風神2022年上半年大賺25.5億元，裕日車認列10.9億元利益，因此，當我們要追蹤裕日車獲利時，就可以去新浪網了解近期廣州風神出了什麼車款，而這些車款在中國的銷售狀況如何？

股票代號	股票名稱	股價	營業毛利率（%）	營業利益率（%）	稅前利益率（%）	2022年Q2累計EPS	前一年度同期累計EPS	近9年平均EPS
1103	嘉泥	18.05	1.08	-20.95	-45.78	-0.74	-0.45	1.18
1104	環泥	21.95	18.44	10.78	29.22	1.32	0.81	2.01
1218	泰山	35.3	14.9	2.25	5.54	0.56	0.62	0.74
1229	聯華	59.6	32.23	24.02	55.16	1.86	2.16	2.32
1315	達新	71.7	17.17	4.41	17.25	2	-1.77	4.74
1419	新紡	40.65	27.01	5.83	126.37	5.71	0.32	1.21
1434	福懋	27.65	11.03	3.72	15.17	1.54	0.67	2.01
1463	強盛	14.25	16.37	3.17	-12.63	-0.02	0.22	1.34
1525	江申	64	9.69	2.36	22.19	1.74	2.12	5.39
1713	國化	24.65	14.86	4.75	29.13	0.61	0.51	0.64
2227	裕日車	211	11.33	0.48	10.99	3.44	5.01	19.26
2701	萬企	12.25	59.42	46.75	110.95	0.24	0.06	0.68
2704	國賓	33.15	20.58	-22.91	1.14	0.01	-0.33	0.84
2706	第一店	14.5	78.99	69.88	134.84	0.32	0.03	0.84

圖表 3-6-1　2022年上半年上市櫃公司半年報　單位：元

資料來源：算利教官價值投資系統i-stock，2022/8/26

　　回歸本題，廣州風神這麼賺錢，可是因為裕日車持股比率為42.69%，在財報上要將廣州風神採用權益法認列獲利，所以廣州風神車賣得再好，營收也不會併入裕日車的月營收裡面，所以追蹤裕日車的月營收，還不如追蹤廣州風神車輛銷售情況來得有效。

再來看看另一個例子，2022年上半年國內水泥業獲利普遍衰退，台泥（1101）上半年EPS僅有0.16元，然而，環泥（1104）的EPS卻高達1.32元，我們常說同產業獲利走向一般而言是一致的，台泥和環泥同期間的EPS會有這麼大的差異，其實原因也在於獲利結構不同。從圖表3-6-1可以看到環泥在2022年上半年營業利益率為10.78%，而稅前利益率高達29.22%，也就是來自其他收益的比重為18.44%。

審視財務報表附註可以發現（圖表3-6-2），環泥其他收益主要來自於轉投資的六和機械，六和機械在中國負責

圖表 3-6-2	環泥（1104）2022年上半年財報附註

被投資公司名稱	所在地區	主要營業項目	原始投資金額 本期期末	原始投資金額 上期期末	期末持有 股數	期末持有 比率%	期末持有 帳面金額	被投資公司 本期損（益）	列之投資損（益）益
環中國際公司	台中市	水泥與水泥原料、機料、製品之銷售及進出口業務	$ 69,993	$ 69,993	6,999,333	69.99	$ 109,530	$ 11,868	$ 8,308
嘉義混凝土工業公司	嘉義縣	預拌混凝土之產製及銷售	22,643	22,643	2,252,378	86.63	40,656	42	36
高雄碼頭運通運公司	高雄市	汽車貨運業務	74,580	74,580	7,560,000	100.00	96,397	1,563	1,563
環泥投資公司	台北市	一般投資業務	650,000	650,000	75,000,000	100.00	732,785	(3,785)	(3,785)
環琭混凝土工業公司	台中市	預拌混凝土之產製及銷售；砂石之產製及銷售等業務	33,774	33,774	7,691,411	58.12	146,280	20,443	12,059
利永環琭科技公司	台北市	電子零組件銷售業務	291,671	291,671	6,000,000	100.00	41,792	(1,544)	(1,544)
利永開發公司	台北市	一般投資、不動產買賣及租賃業務	20,000	20,000	2,000,000	100.00	19,568	1	1
六和機械公司			174,997	174,997	89,581,468	29.86	10,305,710	1,095,316	327,062
台南混凝土工業公司	台南市	預拌混凝土及水泥製品之加工及銷售業務	237,875	68,454	2,022,400	67.41	474,007	1,179	732
環球混凝土工業公司	台中市	預拌混凝土之產製及銷售；砂石之產製及銷售等業務	858	858	115,494	0.87	858		
嘉義混凝土工業公司	嘉義縣	預拌混凝土之產製及銷售	5	5	361	0.01	5		
環中國際公司	台中市	水泥與水泥原料、機料、製品之銷售及進出口業務	13	13	667	0.01	13		
台南混凝土工業公司	台南市	預拌混凝土及水泥製品之加工及銷售業務	178	178	10,000	0.33	179		
六和機械公司	桃園市	各種機械、汽車零件之製造及買賣業務	93	93	1,680	-	93		

資料來源：公開資訊觀測站

各車廠的車用零組件，每年獲利與中國車市連動，近年來獲利普遍在30億～50億元之間，算是環泥的金雞母。

同樣的，因為環泥持有六和機械股權屬於權益法投資認列，所以在其他收益項目會與六和連動，但是環泥的月營收只認列持股比率50%屬於合併報表的公司，像六和機械這樣的金雞母營收，並不會認列到環泥的月營收，此時，去追蹤環泥的月營收反而沒有意義。

所以，總結獲利結構這件事，若有下面2個條件：獲利主要來自於股權收益、獲利主要來自權益法投資，這類公司千萬別在財報空窗期追逐月營收報告而進場買股票，風險可是非常高的。

股權變動 會造成營收成長假象

還有些公司會在財報空窗期間，透過轉投資公司股權變動或者是董監席次改選，取得控制權益來操弄月營收報表，例如原本持股比率50%以下的公司，是按照權益法依持股比率認列獲利，在財報中歸屬損益表的業外獲利，但

是取得董事會控制權後，就會納入合併報表，也就是原本轉投資公司的月營收不會被納入母公司月營收，取得董事會控制權後，就可以納入月營收，讓喜歡追蹤月營收的投資人誤認公司營收大爆發。

實際上，併入合併報表認列營收後，連成本費用也會認列進來，一加一減下，獲利不見得會跟著成長，當然也有些公司反向操作，透過失去控制權，使月營收不列入當期，造成月營收數字下滑，散戶很可能因此認賠賣股，大股東卻反向買股，投資人不可不慎。

財報空窗期，投資人不用急著進場，多聽、多看、多分析，自能立於不敗之地。

** Note **

善用法說會資訊
挖掘同業營收秘密

> 透過法說會中法人與公司的問答,投資人能掌握即時市場脈動,學習一些財務報表分析的常識。投資先研究後再下手,肯定比沒有任何準備更容易致勝。

如果你想要開一家店,你應該會認真做一些研究,包含市場調查、潛在銷售對象、附近有多少競爭者?市場區隔為何?定價策略該如何考量?……不事前做好研究,也不調查就投入一大筆錢來開店的人,應該很少能夠成功。

投資股票也是一樣,不要天真以為不用做任何研究和分析,只要砸下一大筆錢開店就能賺錢,那只不過是肉包子打狗——有去無回罷了。

　　《孫子兵法・兵形篇》中提到：「勝兵先勝而後求戰，敗兵先戰而後求勝。」主要的意義是說，打勝仗的軍隊，會先創造取勝的條件才與人交戰，而常打敗仗的軍隊，卻是在打仗後才試圖在戰爭中獲得勝利。

　　這個跟2022年爆發的烏俄戰爭一樣，俄羅斯天真地以為可以快速打贏戰爭，卻忽略了評估烏克蘭人的戰爭意志與全球對烏克蘭的軍援。在股市裡，常常聽到很多投資人聽信明牌，沒有做過研究就買進股票，等到套牢之後，每日惶惶不安睡不著覺，這時候才四處求人，問老師該不該攤平？該不該停損？

　　因為對投資標的從沒有做過功課，所以漲時不知道會漲多高，跌時也不知會跌多深，於是漲跌都怕，也都睡不著覺。

透過專家把關 掌握相關產業訊息

　　很多投資人會說：「我沒有時間、不懂會計，而且又不是學商的，實在是沒有能力研究，只能跟著新聞、老

師買股。」其實投資是一輩子的事，況且，也不是每個人一開始就什麼都會，即使是會計師也是從一張白紙開始學起，如果股市投資是你一輩子的選擇，什麼年紀開始學習都不是問題。

散戶投資人在股票市場是最弱勢的一群，資訊取得也相較內部人來得困難，有什麼方法可以獲得快速且精準的參考資訊呢？

首先，證交所影音雲網站（webpro.twse.com.tw）、櫃買中心影音專區（www.tpex.org.tw，在首頁右方有「櫃買影音」專區）提供的法人說明會影音，是一個快速了解上市櫃公司及產業的有效方式。

透過線上觀看，投資人不用親自與會，卻可透過法

證交所影音雲

立即掃描 QR Code

櫃買中心影音專區

立即掃描 QR Code

人與公司之間的問答，了解觀察這家公司該注意的重點，尤其是法人與上市櫃公司通常都會保持密切的拜訪，對於市場脈動的掌握比較即時，投資人也可以從法說會的問答中，學習一些會計和財務報表分析的常識，我分享一些從法說會學習到的經驗。

2018年11月22日廣華-KY（1338）舉辦法說會，從法說會資訊得知廣華-KY是亞洲地區最大的汽車內飾件廠商，在汽車產業鏈屬於2階供應商。廣華-KY子公司湖南廣佳在2018年轉為虧損，主要是由於美國克萊斯勒跟通用汽車品質問題，被召回數量約350萬輛，加上中美貿易戰影響，這2個品牌銷售數字並不是很好，導致湖南廣佳獲利由盈轉虧。

但是，這場法說會公司特別提到，在中國許多合資品牌銷售很不錯，某些品牌的內飾件廣華只有3小時的存量，另外，也說明了廣華-KY在上海新成立的子公司廣晉剛拿到許可證。近1小時的法說會，我不僅僅了解廣華的發展，也獲得了幾個與汽車產業相關的重點：

① 廣華-KY交貨有8成直接給日商，代表汽車零組件銷售對

② 合資品牌銷售還不錯，但是自主品牌算是慘淡；

③ 電動車的發展在中國是進行式，代表未來景氣好時，應該會有一波換車潮，內燃機相關零組件廠商，營運應該會越來越艱困；

④ 由於日商都是現金付款，所以廣華-KY經營的流動性是穩定的；

⑤ 中國地區暴雷的長租貸與P2P（Peer to Peer）借貸問題，對經濟造成一定的影響；

⑥ 日、德系品牌的汽車，在中國仍有一定的市場。

巧妙提問 掌握其他公司營運狀況

　　雖然我沒有持有廣華-KY的股票，但是在廣華-KY的法說會後，我持續逢低加碼了幾檔汽車零組件相關股票，例如環泥（1104）。

　　環泥主要獲利來自於權益法投資的六和機械，而六和機械主要也是在中國與各大車廠合資，尤其與日系車廠有

不少合資零組件廠，近年獲利約30億～50億元，即使在2018年下半年乘用車（用於載運乘客及隨身行李的汽車）增長率減速，仍維持一定的市占率，一旦景氣回升，以我當時入手的價格來看，仍然是有利可圖。

另外，廣華-KY與許多上市櫃公司法說都提到中國環保要求，尤其在2017年下半年管制力道加強，只要不符合規定，可能隔天就馬上斷水斷電，從這裡不難理解，為何近年不少台商因為無法達到環保要求，直接清算在中國的子公司不再經營。

也就是說，目前還能在中國生存的公司，環保都能達到一定要求，也算是一種經營的護城河，許多公司在此期間反而因此受益。

另外，同樣是2018年喬福機械（1540）的法說會，會後問答時間中，與會法人詢問關於線性滑軌及滾珠螺桿等零件的交期現況，因為喬福的線性滑軌要跟上銀（2049）買，所以法人轉個彎，想辦法從喬福這裡了解另一家公司資訊。得到的答案是原本上銀約6～7個月可以交貨，但到了法說會時，大概降到4個月可交貨，也就代表線

性滑軌跟螺桿市場需求變小了。

另外有法人問到關於日本THK公司滾珠螺桿降價，是否上銀也有可能會跟隨降價，喬福回覆就降價這件事，正持續跟上銀溝通調整價格，從這段法說會對答，不僅了解喬福機械業務狀況，也間接知道上銀經營確實存在和THK一樣的降價壓力。

之後我調閱上銀2018年7月到2019年1月這7個月的營收（圖表3-7-1），發現上銀在2018年7月營收達28.1億元高峰後，一直不斷衰退，到了2019年1月營收已經掉到

圖表 3-7-1	2018年上銀（2049）營收增減情形						單位：千元
日期	當月營收	上月營收	去年當月營收	上月比較增減（%）	去年同月增減（%）	當月累計營收	去年累計營收	累計營收與前期比較（%）
2018/7	2,811,145	2,701,630	1,822,209	4.05	54.27	17,144,562	11,224,735	52.73
2018/8	2,734,603	2,811,145	1,807,316	-2.72	46.21	19,879,165	13,095,049	51.8
2018/9	2,809,488	2,734,603	1,921,487	2.73	46.21	22,688,653	15,016,532	51.09
2018/10	2,650,004	2,809,488	1,971,326	-5.67	34.42	25,335,007	16,987,859	49.13
2018/11	2,301,474	2,650,004	2,041,337	-13.15	12.74	27,636,481	19,029,196	45.23
2018/12	1,751,055	2,301,474	2,135,588	-23.91	-18	29,387,536	21,164,764	38.85
2019/1	1,667,522	1,751,055	255,359	-4.77	-26.06	1,667,522	2,255,359	-26.06

資料來源：算利教官整理，2018/7～2019/1。

16億元，衰退達41%，相較前一年度同期（2018年1月）也衰退了26%，所以這是藉由喬福的法說會，驗證了上銀的營收獲利情形。

善用免費資訊 抓住致勝關鍵

2019年味王（1203）公司法說會上，總經理提到公司遷廠所面對的困難，其中一項就是環保法令的限制，以往公司的鍋爐可以用燃煤或是重油鍋爐，但是現在只能使用天然氣鍋爐。

於是味王結合了工業區廠商共同建置與分攤天然氣管線成本，身為投資眾多天然氣公司股票的我，也更確認政府在2020年7月1日實施鍋爐空氣汙染排放標準後，使用燃煤或重油鍋爐的工業用戶、飯店、游泳池及商業用戶，勢必轉換為天然氣，在過渡期將會為天然氣公司帶來成長動能，於是我再度加碼了天然氣類股，即使碰到了近年的新冠肺炎疫情，天然氣公司的獲利也並未受到什麼影響，甚至還持續成長。

　　《孫子兵法》曰：「故善者，立於不敗之地，而不失敵之敗也。是故，勝兵先勝而後求戰，敗兵先戰而後求勝。」投資股票也是一樣的道理，投資人可運用的免費資訊其實很多，先研究分析後再下手，肯定比沒有任何準備更容易獲得勝利。

" Note ···

「教官，財報有問題！」

chapter 4

避開這些陷阱
別讓存股變存骨

當沖客手法多元
存股族要睜大眼睛

> 準備下手買進存股標的時，可以檢視近期該股票當沖
> 比率狀況，穩定的定存股當沖比率很少超過 5%，了
> 解這個特性，在股市自然能趨吉避凶。

我經常提醒存股族，要買進存股標的時，一定要注意當沖比率，當一檔股票近期當沖比率過高時，往往代表投機風氣較盛，尤其是政府開放當沖交易降稅後，台股當沖比率節節高升。

當沖投資人之所以當沖的目的，就是想賺取短期價差而非長期持有，而且因為市場程式交易盛行，當交易量價觸及程式交易設定的條件後，訊號交互影響之下容易造成蝴蝶效應，引來更多當沖投資交易，通常當沖比率高的個

股，股價會偏離合理價格，一旦當沖客退場，股價會有很大的修正。

利用當沖蝴蝶效應 高賣低買賺價差

由於當沖操作的投機本質，只要熟悉幾個常出現的特質，這些年我也會趁個股價格被炒高且當沖比率過高時，順勢倒貨給當沖客。當沖因為前述提到的蝴蝶效應，第3天後往往是當沖比率的高點。

例如2021年國際天然氣價格大漲，新聞媒體不斷釋放國內天然氣個股利多，於是有幾檔天然氣個股飆漲，當沖比率節節上升，欣天然（9918）及新海（9926）股價也因此暴漲，盤中買賣5檔股價跳躍迅速的態樣，就是當沖客進場最容易辨認的方式（圖表4-1-1）。

於是2021年9月底時，我在新海當沖比率來到高峰時，以約55元價格賣出手中持股，想當然，過了幾天新海股價又跌到起漲點，欣天然也由55.4元跌回40元上下，於是我又默默地從市場低價回收天然氣類股股票。幾週後的

新海法說會上,發言人明著酸媒體跟投資客不懂國內天然氣公司的獲利結構,亂炒一通,也很明白地說,國內天然瓦斯公司,每一度獲利金額都一樣,並不會受到國際價格的影響。

圖表 4-1-1	新海（9926）歷史當沖比率明細								單位：元	
資料日期	盤中當沖成交股數	個股成交股數	當沖買進金額	當沖賣出金額	當沖損益	占個股總成交比率（%）	借券融券賣出股數	借券餘額股數	漲跌	收盤價
2021/9/23	0	8,000	0	0	0	0	2,000	220,000	0	47.95
2021/9/24	0	14,002	0	0	0	0	2,000	220,000	0.45	48.4
2021/9/27	16,000	43,025	784,550	811,250	26,700	37.19	0	220,000	0.55	48.95
2021/9/28	34,000	130,456	1,724,750	1,735,700	10,950	26.06	1,000	220,000	1.55	50.5
2021/9/29	391,000	697,043	20,696,200	20,304,800	-391,400	56.09	2,000	245,000	-2.65	47.85
2021/9/30	9,000	81,376	436,550	437,500	950	11.06	1,000	253,000	0.75	48.6
2021/10/1	6,000	64,439	288,900	289,950	1,050	9.31	10,000	231,000	-0.65	47.95
2021/10/4	2,000	30,003	96,300	96,350	50	6.67	1,000	233,000	0.05	48
2021/10/5	3,000	24,591	144,650	144,100	-550	12.2	0	233,000	0.35	48.35
2021/10/6	7,000	16,482	337,150	337,450	300	42.47	3,000	237,000	0.15	48.5
2021/10/7	5,000	31,157	242,850	244,850	2,000	16.05	0	236,000	0.4	48.9
2021/10/8	0	11,046	0	0	0	0	0	235,000	0	48.9
2021/10/12	2,000	45,279	96,250	96,650	400	4.42	0	235,000	-0.9	48

資料來源：算利教官價值投資系統i-stock

圖表 4-1-2　新海（9926）股價走勢

資料來源：CMoney法人投資決策系統

圖表 4-1-3　當沖比率最高當日大賣新海（9926）

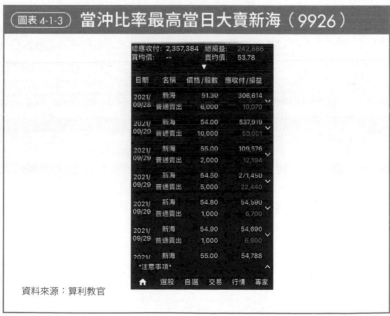

資料來源：算利教官

197

抓住 3 個特性 找出當沖客鎖定標的

　　當沖比率高的個股通常會有下列特性：①發行可轉換公司債、②利多新聞曝光、③投顧、財經台及達人推薦個股。當沖客很喜歡利用新聞跟法說會利多，甚至有些發行可轉換公司債的公司，主力也很喜歡運用當沖手段來拉抬股價，因為透過這個交易模式，相當於用最小的成本，透過拉抬股價獲得超過轉換價的效益，所以長期投資人應該要避免個股當沖比率過高時，高價進場買進個股。

　　如果你準備要下手買進存股標的時，可以檢視近期該股票當沖比率狀況，通常穩定的定存股，當沖比率很少超過5%，甚至長時間當沖比率在0%；反之，若是當沖比率很高（如圖表4-1-4），代表投機風氣盛行，一旦當沖客退場，股價就會回到起漲點，了解這個特性，在股票市場自然能趨吉避凶，永保安康。

　　此外，隔日沖也是常見的當沖手法，勤益控（1437）在2019年10月21日有特定券商分點大買372張（圖表4-1-5），使勤益控股價由前一日收盤24.2元拉到漲停26.75

▶▶▶○P.200

圖表 4-1-4		2022年9月1日高當沖比個股								單位：元
股票代號	股票名稱	當沖成交股數	個股成交股數	當沖買進金額	當沖賣出金額	當沖損益	占個股總成交比率（%）	借券融券賣出股數	漲跌	收盤價
2388	威盛	92,194,000	119,238,131	8,302,156,100	8,305,743,900	3,587,800	77.32	2,636,000	-1.9	88.6
8996	高力	20,489,000	26,673,506	2,364,680,000	2,367,464,500	2,784,500	76.81	161,000	-1	113
4133	亞諾法	16,483,000	23,231,205	762,115,250	762,211,250	96,000	70.95	163,000	0.35	45.75
3035	智原	14,730,000	20,996,375	2,697,939,500	2,696,443,500	-1,496,000	70.15	960,000	-6	181
1524	耿鼎	11,287,000	17,528,450	320,327,900	320,359,100	31,200	64.39	94,000	-0.15	28.15
6133	金橋	10,626,000	15,221,012	303,174,900	303,396,700	221,800	69.81	89,000	0	28.5
1760	寶齡富錦	10,417,000	13,952,049	1,614,129,000	1,612,854,000	-1,275,000	74.66	59,000	-4.5	150
6531	愛普	9,146,000	13,888,079	1,941,173,500	1,941,997,000	823,500	65.86	999,000	1.5	205.5
1795	美時	9,058,000	13,248,373	1,556,697,500	1,555,495,500	-1,202,000	68.37	679,000	-4.5	169
2305	全友	8,044,000	11,474,218	272,348,850	271,984,200	-364,650	70.1	65,000	0.2	32.95
8261	富鼎	6,322,000	10,097,969	747,958,000	746,547,500	-1,410,500	62.61	86,000	-1.5	115

資料來源：算利教官價值投資系統i-stock
說明：表中為2021/9/1交易日的資料，篩選上市公司當沖比率超過60%、交易張數大於1萬張的股票。

元，我經常說，價值投資人不會閒著沒事拉漲停板給你看，拉漲停板是要吸引散戶上車，於是主力隔日10月22日開盤，再用27.49元買進66張吸引散戶追漲，隨即以27.12元倒出398張股票。

從借券當沖整合明細表可以看到（圖表4-1-6），勤益控在2019年10月16日開始有當沖客進場，到了10月22日

當沖比率高達37.9%，同時期借券融券賣出比重也增加，可見當沖客搭配的策略其實很多元，在當沖拉抬股價的過程，還透過借券融券高檔賣出鎖住獲利。

所以就我個人而言，特別喜歡在當沖客進場、股價偏離我的合理價時高檔賣出股票，待當沖客退場後，再用低價回補股票。

▶▶▶ 🔍 投資學堂

什麼是券商分點？

投資人必須在證券公司（例如元大證券）的某個分行（例如敦化分行）開戶後，才能開始買賣股票，而證券公司每個分行，都有對應的券商分點代號，所以每筆股票進出，交易所都可以追蹤得到是誰、在哪個券商分點買進或賣出，資料詳細到交易日期、買賣標的、交易價位、買進或賣出張數都有。

上述資訊交易所每天傍晚都會公布，上市公司股票交易資訊可以在證交所買賣日報表查詢系統（bsr.twse.com.tw）查詢，上櫃公司股票則要到櫃買中心（www.tpex.org.tw）的上櫃股票➡盤後資訊➡券商買賣證券日報表查詢系統。

圖表 4-1-5					勤益控（1437）分點買賣明細表				
日期	買進張數	買進均價（元）	賣出張數	賣出均價（元）	收盤價（元）	買賣超張數	成交量（張）	成交占比（％）
2019/6/28	5	21.2	0	0	21.2	5	279	1.79
2019/7/1	2	21.2	0	0	21.2	2	110	1.82
2019/7/2	2	21.15	15	21.1	21.15	-13	297	-4.38
2019/7/11	7	21.25	0	0	21.2	7	212	3.3
2019/7/15	5	22.7	0	0	22.8	5	1,026	0.49
2019/7/16	0	0	0.4	22.8	22.7	0	1,095	-0.04
2019/7/18	0	0	5	22.4	22.25	-5	379	-1.32
2019/7/29	1	23.2	0	0	23.2	1	281	0.36
2019/7/30	1	22.8	0	0	22.95	1	189	0.53
2019/8/12	0	0	17	23.69	23.7	-17	1,665	-1.02
2019/8/13	1	23.7	0	0	23.5	1	671	0.15
2019/8/22	10	23.1	0	0	23.15	10	286	3.5
2019/8/23	0	0	3.2	23.1	23.2	-3	274	-1.15
2019/8/28	1	22.9	2	22.85	22.9	-1	379	-0.26
2019/10/9	0	0	2	22.5	22.6	-2	106	-1.89
2019/10/17	10	24.08	10	24.16	24.2	0	572	0
2019/10/21	372	26.75	0	0	26.75	372	3,489	10.66*
2019/10/22	66	27.49	398	27.12	26.4	-332	5,280	-6.29*

資料來源：嗨投資hi-stock
說明：*為大量交易提示

圖表 4-1-6			勤益控（1437）當沖借券整合資訊							單位：元
資料日期	當沖成交股數	個股成交股數	當沖買進金額	當沖賣出金額	當沖損益	占個股總成交比率（%）	借券融券賣出股數	借券餘額股數	漲跌	收盤價
2019/10/4	0	92,463	0	0	0	0	0	546,000	0.05	22.5
2019/10/7	0	124,101	0	0	0	0	0	546,000	0.05	22.55
2019/10/8	1,000	257,151	22,500	22,700	200	0.39	0	546,000	0.05	22.6
2019/10/9	0	106,300	0	0	0	0	3,000	547,000	0	22.6
2019/10/14	0	207,197	0	0	0	0	0	547,000	0.35	22.95
2019/10/15	0	174,297	0	0	0	0	0	547,000	0.05	23
2019/10/16	50,000	561,288	1,162,750	1,172,500	9,750	8.91	0	549,000	0.55	23.55
2019/10/17	49,000	574,439	1,173,150	1,180,550	7,400	8.53	4,000	549,000	0.65	24.2
2019/10/18	54,000	538,798	1,320,600	1,315,650	-4,950	10.02	1,000	549,000	0.15	24.35
2019/10/21	389,000	3,498,329	10,320,000	10,360,500	40,500	11.12	16,000	549,000	2.4	26.75
2019/10/22	2,002,000	5,282,441	54,376,350	54,371,250	-5,100	37.9	5,000	549,000	-0.35	26.4
2019/10/23	146,000	1,349,342	3,801,850	3,783,650	-18,200	10.82	4,000	554,000	-0.65	25.75
2019/10/24	458,000	2,339,651	12,211,800	12,309,500	97,700	19.58	21,000	555,000	1.35	27.1
2019/10/25	159,000	1,014,276	4,313,550	4,294,800	-18,750	15.68	6,000	562,000	-0.25	26.85

資料來源：算利教官價值投資系統i-stock

66 Note ···

·· 99

4-2

道行不夠
掛牌新股沒事別碰

> 曾經有家剛掛牌的公司,每隔3、5天就發一次新聞,
> 還動員員工淨灘搶版面,還有很多公司初上市櫃時會
> 美化財報,新進投資者應該要避開這類公司。

很多朋友喜歡去買剛掛牌(上市、上櫃)的股票,以我近年來的觀察,這些股票除非你很熟悉,或者是業內人士,我會建議你根本就不要碰。由於新掛牌的公司資訊還很少,某些財報數字就有了操作空間,甚至可以在掛牌前就先鋪陳好,一家公司短期內財報要作假不難,但長年下來就沒那麼容易。

這些人人搶的掛牌股有以下幾個特徵,看完了之後,就會知道為什麼買進之前得三思再三思。

特徵 1：近年營收、獲利突飛猛進

營收、獲利成長有很多真真假假的原因，例如營收成長可能來自於通路塞貨，而且通路塞貨最適合用在沒有保存期限的耐久性產品，尤其是使用者買進時根本不會在乎製造日期的產品。

3C產品也可以塞貨，但是3C產品因為生命週期短，一旦通路滯銷，未來就得提列存貨的報廢損失，所以，對於每隔幾年就大幅提列庫存跌價損失的公司，財報評價更是要謹慎小心。

特徵 2：契合當前市場趨勢

近年來由於全球環保議題興起，於是許多環保產業公司掛牌上市櫃，投資人亦趨之若鶩，然而，若詳細了解個別公司狀況，可以發現有不少公司是掛著環保的頭銜，實際本業獲利比重卻差之甚遠。

特徵3：名人與財經雜誌推薦

　　我曾經不經意地查詢法律案件時，在法務部的裁判書查詢系統，發現一則判決，這個判決是描述幾年前一位股市作家兼老師，他在一家公司還未上市時，就扮演了這家公司的金主，資金入主這家公司後，便開始鋪陳後續的炒股作為。

　　當然這只是在股票市場的冰山一角，但是也提醒了我們，很多公司在掛牌前營收獲利的大幅成長，有不少都是鋪陳好的劇情，一家營收成長的公司，市場願意用更高的本益比買進，對於「印股票換鈔票」的公司派而言，越高的本益比可以獲利的空間越大，於是假交易跟塞貨等事情也隨之而來。

　　所以存股族不要輕易看了一家公司剛掛牌，前1、2年獲利很好就進去追股票，一家值錢的好公司，如果老闆是你，會捨得拿出來賣嗎？願意拿出來掛牌的公司派，大部分心裡想的是把股票賣給投資人，他的獲利更多，才會拿出來掛牌。

當然也有些公司是為了籌募公司未來發展所需的資金而掛牌，以這個理由來看似乎很正當，但是，從另一個角度來想，若是一家很賺錢的公司，銀行會搶著要用很低的利息借錢給你，就像台積電1年發債千億元，台積電0.6%的公司債銀行可是搶著要呢！

特徵4：積極發布利多新聞

曾經有家剛掛牌的公司，幾乎每隔3、5天就發一次新聞，還動員員工淨灘搶版面，甚至有一天某位投資達人在社群媒體張貼參與這家公司股東會，與董事長合照的照片，發文寫了一行「董事長要護盤了」。

想當然耳，這家公司股票股價隨之炒作到75元左右，當時我在51元買入，出脫在當沖比率最高點、也就是股價來到約75元時賣出，而這檔股票當時買的人截至2022年9月，僅剩下30元出頭。

企業形象與資訊透明固然重要，但是，刻意釋放利多新聞的公司，不少都是別有居心，投資人不得不慎。

特徵 5：海外回台初上市櫃公司

▶▶▶ ♀ P.209

很多公司初上市櫃時會美化財報，尤其是許多海外回台掛牌的公司，圖表4-2-1可以看到，許多公司在初上市櫃時EPS都很漂亮，然而好景不常，獲利逐年衰退，最終虧損，近年更有不少公司以合併下市收場，很多初掛牌時進場的小股東欲哭無淚，早期遇到這種情況，還可不受金管會監管，之後因為來台第一上市櫃的公司爭議連連，開始進行制度通盤檢討。

2018年金管會要求簽證會計師要加強查核海外回台掛牌公司財報，所以我也發現了許多海外回台公司，在此一政策下獲利迅速衰退或直接轉為虧損，由此可見，股票市場仍然有需要印股票換鈔票的公司，新進股市的投資者，應該要避免投資這類公司。

▶▶▶ 🔍 投資學堂

海外回台掛牌公司（KY股）

台股中有些股票名稱會加上 KY 兩個英文字母，這是指海外公司在國外沒有發行股票，而是把台灣作為第一次上市櫃的國家，為了和本土掛牌企業區別，金管會因此加上代號，在 2016 年以前是以英文字 F（Foreign）代表，後更改為 KY。

KY 是英國開曼群島（The Cayman Islands）的縮寫，由於當地政府不收取所得稅，吸引不少企業在開曼群島註冊，是全球知名的避稅天堂，不過 KY 只是統稱，不代表所有 KY 公司都註冊在開曼群島。

由於是海外企業，投資 KY 股領到的股利屬於海外收入，免繳所得稅及二代健保補充費，同時海外所得未達 670 萬元亦免稅，具有節稅優點（須留意在美國註冊的 KY 股，反而會被課更多稅，原因是適用境外公司所屬國家稅法），但具有財報不透明、匯損等潛在風險。

股票代號	股票名稱	上市櫃日期	2013年	2014年	2015年	2016年	2017年	2018年	2019年	2020年	2021年	備註	平均EPS
1258	F-其祥	2011/12/12	1.7	2.73	3.79	3.83	1.26	-4.05	-3.39	-0.43	2		0.83
1262	F-綠悅	2013/12/23	10.22	10.4	10.51	12.29	4.69	-2.72	—	—	—	2019/10/14合併下市	7.57
1337	F-再生	2011/8/17	6.44	4.54	1.5	1.53	0.68	-7.02	-2.39	-4.88	-1.71		-0.15
1340	F-勝悅	2014/1/14	10.08	10.6	7.51	7.68	6.61	0.97	—	-2.55	-3.35		4.69
1592	F-英瑞	2014/10/16	4.76	1.83	1.91	4.39	2.75	-3.53	-3.58	-13.57	—	2022/1/27下市	-0.63
1626	F-艾美	2013/3/21	5.1	-2.71	-0.77	2.31	0.03	-0.12	2.05	1.12	-2.11		0.54
2236	F-百達	2015/6/3	8.43	3.46	1.88	3.08	3.45	3.57	0.88	0.69	1.47		2.99
2724	F-富驛	2012/5/29	1.54	1.55	-3.91	-15.76	-4.05	-0.06	-0.43	-2.21	-1.09		-2.71
2924	F-東凌	2011/12/2	4.16	2.49	0.71	0.41	-2.85	-3.84	-2.56	-3.79	-1.72		-0.78
2929	F-淘帝	2021/3/18	12.72	12.98	14.4	10.54	11.81	11.56	12.01	-20.31	-6.43		6.59
3664	F-安瑞	2010/6/24	0.64	0.17	0.62	-0.94	-1.3	-0.78	-2.44	-2.1	-1.94		-0.9
3673	F-TPK	2010/10/29	21.9	0.84	-57.86	-4.27	6.64	0.55	0.51	—	2.63		-3.63
4141	F-龍燈	2012/4/25	2.7	3.03	-1.38	3.65	-1	0.61	-2.64	-2.94	-2.07	2022/05/03合併下市	0
4144	F-康聯	2011/8/23	5.06	5.35	3.68	3.24	3.2	1.75	1.09	—	—	2020/10/30合併下市	3.34
4154	F-康樂	2011/12/28	0.57	1.09	-1.13	0.68	-1.96	-2.06	-2.23	-1.16	-2.18		-0.93
4745	F-合富	2013/1/30	5.1	5.7	6.04	3.05	3.01	4.54	3.79	1.61	1.8		3.85
4804	F-大略	2015/12/4	2.12	2.66	5.09	4.49	2.07	-6.52	—	0.21	-0.13		1.25
4984	F-科納	2011/7/19	0.05	2.49	3.57	6.88	-1.07	—	—	—	—	2018/09/01合併下市	2.38

圖表 4-2-1　海外回台上市上櫃公司歷年EPS摘要　　　單位：元

▼（接下頁）

股票代號	股票名稱	上市櫃日期	2013年	2014年	2015年	2016年	2017年	2018年	2019年	2020年	2021年	備註	平均EPS
4991	F-環宇	2014/9/15	3.06	4.01	4.95	4.01	4.77	4.01	3.04	-1.28	-4.2		2.49
5264	F-鎧勝	2013/1/25	18.1	14.49	16.59	8.25	4.88	-4.13	-1.5	—		2021/1/15 下市	8.1
5266	F*AS	2013/12/24	6.55	6.15	—	—	—	—	—	—		2016/3/24 下市	6.35
5276	F-達輝	2014/6/12	3.02	1.94	2.09	1.96	0.25	0.62	-0.29	0.19	0.58		1.15
5907	F-大洋	2012/6/6	4.94	5.38	1.63	1.65	1.87	2.71	3.1	-0.62	-1.19		2.16
6404	F-通訊	2014/7/23	10.89	3.26	1.38	-5.81	-11.7	-6.17	-3.86	-1.4	-2.41		-1.76
6422	F-君耀	2014/6/24	4.97	6.97	6.3	7.2	4.96	—				2018/9/28 下市	6.08
6431	F-光麗	2014/12/4	3.52	1.84	-4.55	-5.95	-3.48	-0.41		-1.38	0.51		-1.24
6451	F-訊芯	2015/1/26	12.51	10.23	10.56	9.12	1.05	2.83	6.16	6.88	3.77		7.01
6452	F-康友	2015/2/17	11.06	13.92	16.54	13.9	12.71	14.29	9.46	—	—	2021/4/1 下市	13.13
6456	F-GIS	2015/6/12	40.72	4.81	7.44	9.39	21.46	11.77	10.02	—	12.97		14.82
8404	F-百和	2011/5/18	1.32	1.69	2.27	1.96	1.66	1.09	1.14	1.63	3.96		1.86
8406	F-金可	2012/3/16	15.67	15.64	16.95	16.41	10.5	9.01	12.98	10.24	9.85	2022/04/29 私有化下市	13.03
8418	F-必勝	2011/12/6	0.87	0.38	-2.41	-1.29	-5.54	-1.81	-1.11	-1.69	-1.97		-1.62
8426	F-紅木	2011/12/13	5.48	4.05	3.26	6.08	3.39	0.49	0.59	-2.52	0.12		2.33
8427	F-基勝	2011/10/19	2.14	-0.18	4.28	8.16	0.43	-0.48	0.46	-1.15	—	2022/3/3 下市	1.71
8429	F-金麗	2012/12/20	7.89	8.36	7.69	5.79	2.26	2.24	-0.29	-2.7	0.12		3.48
8444	F-綠河	2015/10/27	2.6	3.93	4.2	7.14	9.48	-1.35	-4.18	-0.27	4.62		2.91

圖表 4-2-1　海外回台上市上櫃公司歷年EPS摘要　　單位：元

資料來源：算利教官價值投資系統i-stock

4-3

飆股戲碼重複上演
散戶往往是接刀者

> 發行可轉債對上市櫃公司是一個合法籌資的管道，但有些公司發行可轉債上癮了，有心人在債轉股過程用當沖炒高股價，股票被「樂觀」的散戶買走了⋯⋯

我從2014年開始，透過合庫信託部將有價證券信託出借給市場上需要資金停泊、避險或是放空的法人機構等，我因此注意到一個現象，手裡長期出借的股票大部分都有發行可轉換公司債（以下簡稱可轉債），而且這類個股的股價在可轉債3～5年的發行期間，通常會暴漲暴跌。此外，在新聞台投顧節目所報的明牌裡面，有一半也都是有發行可轉債的公司。

於是我開始深入研究，研究下去不得了，原來大部分

發行可轉債的公司，在發行可轉債時壓根就沒打算還錢，那麼要如何不還錢呢？就是當普通股價格超過可轉債轉換價格時，持有可轉債的人就能獲得利益，於是會將之轉換成普通股賺取價差。

可轉債持有人轉換成普通股時，相當於現金增資效果，轉換價等於現金增資價格（轉換價格－票面價＝資本公積），增加的資本公積未來還可以用來配息，於是有些公司熱衷於不斷發行可轉債，透過前述的循環達到「印股票換鈔票」。

大部分發行可轉債的公司，普通股在可轉債發行期間會暴漲暴跌，很多投資人不了解個中原因，看到股價上漲就追高，結局是高價住套房，反相的，聰明的投資人可以趁機賺一波價差，這個章節就來看看幾個實例。

3 個指標出狀況 趕緊抓住逃命機會

在章節1-4中有大略提到柏文（8462）的例子，這檔股票很多投資人套在高點，我來詳細說明整件事的經過。

　　柏文在2018年1月22日發行第一次可轉債柏文一
（84621），發行期間3年，到期日為2021年1月22日，
從轉換價格變動（圖表4-3-1）可以看到，2018年1月22日
掛牌時轉換價格為156.8元，因可轉債有反稀釋條款，也
就是遇公司流通在外股數增加、發放股息或增資等情況，
可以調降轉換價格，以保障可轉債投資人權益。柏文一隨
著配股配息，轉換價格逐年調降到109.9元，也就是只要
柏文股價超過轉換價格時，可轉債持有人會轉換成現股出
售賺取價差。

　　例如，當轉換價格為109.9元時，持有1張柏文一可以
轉換成910股柏文普通股（轉換張數＝100÷轉換價），假
設柏文普通股價格漲到150元時，1張可轉債價值為150元

圖表 4-3-1			柏文一（84621）轉換價格變動				
代號	簡稱	類型	轉換價格（元）	轉換股數	重設日期	重設幅度（％）	累積重設幅度（％）
84621	柏文一	掛牌	156.8	637	2018/1/22	0	0
84621	柏文一	反稀釋	123.3	811	2018/6/25	21.36	21.36
84621	柏文一	反稀釋	109.9	910	2019/7/14	0	0

資料來源：公開資訊觀測站

×910股＝13萬6,500元。

　　看到這金額千萬別以為吃虧了，可轉債發行價格通常是用票面價發行，也就是100元（1張10萬元），以柏文一為例，發行當天漲停板收盤為110元，即使你用漲停價格買進1張，成本也才11萬元，一旦股價超過轉換價格，持有可轉債的人就可以轉成普通股賣出，賺取價差，債權轉為股權後，公司到期也就不需要還債了。

　　接下來，來看看為什麼我說發行可轉債的公司，普通股很容易成為飆股，圖表4-3-2是柏文一發行後每月月底餘額，可以發現發行總額4億元的柏文一，最大轉換量發生在2019年7月，2019年6月可轉債餘額還有2.3億元，但是到了2019年7月僅剩下8,590萬元，到了2020年2月全數轉換完，餘額為0，這代表什麼意義呢？

　　當發現2019年7月是柏文一最大轉換量時，大致上可以斷定此時是柏文普通股的最高點，從柏文月成交資訊可以發現（圖表4-3-3），2019年3月柏文從上櫃轉上市後開放信用交易，當時股價最低從175.5元開始起漲，同年7月最高漲到302.5元，在成交資訊上面同時有3個重要下車資

| 圖表 4-3-2 | 柏文一（84621）月餘額明細 | | 單位：元 |

發行日期：**2018年1月22日**　到期日期：**2021年1月22日**　發行總額：**4億元**　票面利率：**0**

資料日期	月底餘額	資料日期	月底餘額
2018/1～2018/6	400,000,000	2019/5	247,100,000
2018/7	332,300,000	2019/6	230,000,000
2018/8	298,500,000	2019/7	85,900,000
2018/9	296,500,000	2019/8	85,900,000
2018/10	291,200,000	2019/9	45,800,000
2018/11	291,200,000	2019/10	32,900,000
2018/12	290,300,000	2019/11	17,500,000
2019/1	277,400,000	2019/12	17,500,000
2019/2	276,900,000	2020/1	2,500,000
2019/3	247,100,000	2020/2	0
2019/4	247,100,000		

資料來源：算利教官價值投資系統i-stock

| 圖表 4-3-3 | 柏文（8462）月成交資訊 | | | | | | 單位：元 |

年/月	最高價	最低價	加權平均價（A/B）	成交筆數	成交金額（A）	成交股數（B）	週轉率（%）
2019/3	185	175.5	180.48	1,206	230,788,389	1,278,708	2.08
2019/4	200	175	189.39	2,580	541,829,141	2,860,891	4.67
2019/5	255	195	230.32	6,751	1,648,469,591	7,157,293	11.63
2019/6	268	234	256.98	3,653	970,439,641	3,776,192	6.1
2019/7	302.5	227	261.97	13,606	3,795,864,911	14,489,385	23.34
2019/8	241.5	205	228.2	7,421	1,747,991,968	7,659,593	11.02
2019/9	251	222.5	237.72	6,761	1,605,756,718	6,754,625	9.71
2019/10	243	212	225.22	5,516	1,110,164,696	4,929,109	7.05
2019/11	222.5	192	203.15	8,995	1,303,779,770	6,417,745	9.17
2019/12	209	183.5	195.36	6,577	858,585,804	4,394,670	6.26

資料來源：證券交易所

訊：成交金額最大、成交股數最多、週轉率最高。

也就是說，當你看到這3件事在有發行可轉債的普通股發生時，若還不下車悲劇就會發生，因為此時代表市場上炒作這檔個股的主力滿足點已到，透過大量借券賣出鎖定獲利，同時申請可轉債轉換普通股，通常申請轉換5天後可以拿到轉換的股票，此時再用現券償還即可。

所以，我們可以發現2019年8月柏文股價開始大跌，12月已經跌到183.5元，2020年1月底跌到168.5元，股價近乎腰斬，此時台灣尚無疫情，主要就是市場安排好的可轉債大戲演完了。

你肯定會問持有可轉債的人能獲取什麼利益呢？我摘要柏文一自發行後，普通股逐月月底的借券當沖整合資訊（圖表4-3-4），發現2018年1月22日柏文一掛牌時買到漲停價僅需110元，也就是只要柏文不倒，到期時至少要還你100元的票面價（賠也是小賠），但是2019年7月5日隨著柏文普通股價格突破300元，柏文一價值也攀抵236元，也就是持有柏文一的可轉債1年半獲利就達到136%，這種「進可攻、退可守」的優勢，就是某些人偏愛投資可轉債的原因。

圖表 4-3-4	柏文（8462）借券當沖整合資訊					單位：元
日期	借券餘額	當沖比率（%）	收盤價格	轉換價格	可轉債價格	借券餘額市值
2018/1/22	16,000	0	154.5	156.8	收盤110	2,472,000
2018/1/31	16,000	0	145	156.8	收盤108	2,320,000
2018/2/27	16,000	0	140	156.8	收盤107.5	2,240,000
2018/3/31	16,000	0	154.5	156.8	均價114.25	2,472,000
2018/4/30	13,000	0	156	156.8	收盤115	2,028,000
2018/5/31	13,000	0	173	156.8	收盤120.55	2,249,000
2018/6/29	16,000	0	200	156.8	收盤136	3,200,000
2018/7/31	23,000	0	182.5	123.3	收盤147.15	4,197,500
2018/8/31	11,000	0	178	123.3	均價145.1	1,958,000
2018/9/28	14,000	0	154.5	123.3	均價130.1	2,163,000
2018/10/31	522,000	0	145	123.3	均價121.24	75,690,000
2018/11/30	369,000	0	152.5	123.3	收盤126.95	56,272,500
2018/12/28	69,000	0	158	123.3	均價128	10,902,000
2019/2/27	40,000	0	170	123.3	均價135.9	6,800,000
2019/3/29	46,000	1.53	181.5	123.3	均價147.2	8,349,000
2019/4/30	61,000	0.96	199	123.3	均價161.62	12,139,000
2019/5/31	95,000	16.61	242	123.3	收盤201	22,990,000
2019/6/28	88,000	24.38	261.5	123.3	均價216	23,012,000
2019/7/5	74,000	27.25	301	123.3	收盤236	22,274,000
2019/7/31	188,000	30.9	230	109.9	均價224.57	43,240,000
2019/8/30	440,000	17.98	221	109.9	收盤199	97,240,000
2019/9/27	281,000	0	240	109.9	均價222	67,440,000
2019/10/31	296,000	6.29	213	109.9	均價193	63,048,000
2019/11/29	851,000	14.35	193	109.9	均價195.11	164,243,000
2019/12/31	1,081,000	5.45	200.5	109.9	均價177	216,740,500
2020/1/31	1,292,000	19.43	168.5	109.9	均價177	217,702,000

資料來源：算利教官價值投資系統i-stock

股價飆漲又暴跌 發行可轉債公司要當心

接下來再舉一個案例，前面說到，大部分發行可轉債的公司都沒打算還錢，所以發行期間通常會有一個大行情，讓持有可轉債的人可以轉換股票賺取價差，那麼，到期前3個月才開始飆漲的情況，你有見過嗎？

2020年6月，岱宇（1598）發行的可轉債岱宇一（15981）到期前3個月，岱宇股價由30多元開始迅速起漲，最高飆漲到162元，理由是歐美封城，推升在家運動需求，於是健身器材熱銷。

只是大家比較熟悉的是喬山，聽過岱宇的人不多，看看岱宇一月餘額明細（圖表4-3-5），不難理解岱宇股價飆漲的原因，隨著可轉債大量轉換後，岱宇趁高檔發行可轉債二、三，股價隨即崩跌，到了2022年9月12日只剩42.9元，這是眾多發行可轉債公司的普通股常見現象。

聽到上面所說的2則故事你肯定倒抽一口氣，要問教官：該如何辨識個股有沒有發行可轉債呢？這個不難，只要用任一家券商手機App輸入搜尋個股的4位數代碼，若搜

圖表 4-3-5	岱宇一（15981）月餘額明細		單位：元
發行日期：2017年9月20日	到期日期：2020年9月20日	發行總額：6億元	票面利率：0
資料日期	月底餘額	資料日期	月底餘額
2017/9～2019/6	600,000,000	2020/2	598,500,000
2019/7	598,500,000	2020/3	598,500,000
2019/8	598,500,000	2020/4	598,500,000
2019/9	598,500,000	2020/5	598,500,000
201910	598,500,000	2020/6	374,000,000
201911	598,500,000	2020/7	143,800,000
201912	598,500,000	2020/8	24,900,000
2020/1	598,500,000	2020/9	0

資料來源：算利教官價值投資系統i-stock

　　尋結果有出現第5碼，這第5碼通常就是代表發行第幾次可轉債，比如岱宇隨後發行的可轉債二、三，編號就分別為岱宇二（15982）、岱宇三（15983）。

　　如果你是嚴謹的投資人，更保險的方式是去公開資訊觀測站調閱電子版財報，比如調閱台泥（1101）的損益表（圖表4-3-6），可以發現在2021年1月1日至6月30日，來自繼續營業單位及停業單位的基本每股盈餘為1.65元，稀釋每股盈餘則為1.62元，這代表台泥有發行可轉換特別股、可轉債或員工認股權證，未來可能轉換為股票，而有稀釋EPS的潛在可能，所以必須把可能轉換的股數加總到分

図表 4-3-6　**台泥（1101）損益表**

代碼		111年4月1日至6月30日 金額	%	110年4月1日至6月30日 金額	%	111年1月1日至6月30日 金額	%	110年1月1日至6月30日 金額	%
	淨利（損）歸屬於								
8610	本公司業主	$ 204,046	1	$ 7,533,092	27	$ 1,408,190	3	$10,852,066	22
8620	非控制權益	(1,144,761)	(5)	739,848	2	(1,492,399)	(3)	1,151,111	2
8600		($ 940,715)	(4)	$ 8,272,940	29	($ 84,209)	-	$12,003,177	24
	綜合損益總額歸屬於								
8710	本公司業主	($ 8,143,515)	(32)	$ 1,092,376	4	$ 2,174,449	4	$ 3,713,523	8
8720	非控制權益	(1,265,436)	(5)	726,820	2	(1,482,569)	(3)	1,142,886	2
8700		($ 9,408,951)	(37)	$ 1,819,196	6	$ 691,880	1	$ 4,856,409	10
	每股盈餘（虧損）（附註二七）								
	來自繼續營業單位及停業單位								
9750	基本	($ 0.02)		$ 1.13		$ 0.16		$ 1.65	
9850	稀釋	($ 0.02)		$ 1.12		$ 0.16		$ 1.62	
	來自繼續營業單位								
9710	基本	($ 0.02)		$ 1.05		$ 0.16		$ 1.57	
9810	稀釋	($ 0.02)		$ 1.04		$ 0.16		$ 1.54	

資料來源：公開資訊觀測站

母，計算潛在稀釋每股盈餘。

接下來你肯定會說，按照教官教的方法在券商App輸入1101並不會出現第5碼的可轉債序號編碼，問題在哪呢？

從台泥2020年12月31日至2021年6月26日間的股權異動增減情形（圖表4-3-7），可以發現有310,230,559股在2021年上半年從可轉債轉換成普通股，在同時期新增加了82,269位股東，持股10張以下股東就吃下了其中175,498張台泥股票，看到這裡你會不會很好奇，為什麼這時間點會轉換這麼多股票，而且散戶吃下絕大部分的股票？

來看看截取自台泥財務報表的附註說明，台泥在2018年12月10日於新加坡交易所發行4億美元的海外可轉債，

項目	1,000張以上	801～1,000張	601～800張	401～600張	201～400張	101～200張	51～100張	41～50張
變動股數	-27,146,081	8,806,540	2,374,370	9,271,637	10,314,036	15,928,614	28,831,185	10,580,000
變動人數	-8	10	3	19	42	113	377	214

項目	31～40張	21～30張	16～20張	11～15張	6～10張	1-5張	1張以下	淨變動
變動股數	15,066,623	21,407,718	24,239,881	15,057,327	56,712,538	116,465,400	2,320,771	310,230,559
變動人數	405	756	1,244	1,045	6,522	57,817	13,710	82,269

圖表 4-3-7 台泥（1101）集保股權區間異動增減情形

資料來源：算利教官價值投資系統i-stock，2020/12/31～2021/6/25。

發行期間5年，轉換價格到了2021年8月18日已經調降到29.87元，截至2021年12月31日已經全數轉為386,734張股票，是的，相當於台幣約120億元的海外可轉債，因為台泥股價超過轉換價29.87元，全數轉為股票了，所以台泥不需要還錢了，轉換後增加的38萬多張股票又哪裡去了呢？

為什麼持有可轉債的主力，要選擇2021年上半年大量轉換股票，而非下半年或者2022年轉換呢？難不成主力可以預估烏俄戰爭爆發及中國房地產崩盤事件？在我看來只不過是持有可轉債市場主力們安排的一場戲罷了。

（二）海外無擔保可轉債

1. 107年度第一次海外無擔保可轉債

本公司於107年6月經董事會通過發行107年度第一次
海外無擔保轉換公司債，本案業經金融監督管理委
員會107年7月25日金管證發字第10703258532號申報
生效，並於107年12月10日於新加坡證券交易所公開
發行，發行期間5年，到期日112年12月10日，發行
總金額為400,000仟美元，票面利率0%。

債券持有人得於本債券發行屆滿三個月之翌日起至
到期日前10日為止，隨時依轉換辦法規定向本公司
請求將所持有之債券轉換為本公司之普通股股票，
發行時之轉換價格為每股新台幣41元，可轉債發行
後轉換價格將依據本公司107年度第一次海外無擔
保可轉債發行及轉換辦法相關反稀釋條款調整轉換
價格，自110年8月18日（除權息基準日）起，轉換
價格調整至每股新台幣29.87元。依美金兌新台幣
固定匯率30.878除以轉換日每股轉換價格向公司請
求轉換。截至110年12月31日止已全數轉換股數為
386,734仟股。

　　從2021年台泥月成交資料可以看到（圖表4-3-8），
2021年4月台泥股價創新高達到58.7元，當月成交筆數、
成交股數、成交金額跟週轉率均為當年度最高，也符合前
面說的，有發行可轉債的個股，一旦出現成交股數、成交
金額跟週轉率均創新高時，當成交量萎縮大概行情就結束
了，爆量主要的原因就是大量可轉債透過借券賣出鎖住高
檔價格，待取得轉換後的現股，再以現股還券。

圖表 4-3-8			2021年台泥（1101）月成交資訊			單位：元		
月份	最高價	最低價	加權平均價（A/B）	成交筆數	成交金額（A）	成交股數（B）	週轉（%）
1	43.5	40.15	41.64	185,895	17,431,586,700	418,560,254	7.2
2	42.9	40.3	41.52	103,379	10,972,837,552	264,252,087	4.5
3	46.9	42.05	44.35	225,080	25,967,080,432	585,469,796	9.93
4	58.7	46.6	52.17	464,136	56,471,412,828	1,082,392,985	18.16
5	53.9	47.25	50.52	378,582	44,347,231,154	877,707,802	14.48
6	52.4	50.4	51.28	143,864	15,818,339,904	308,441,958	5.09
7	53.8	50.5	51.96	215,742	26,313,837,211	506,374,308	8.26
8	54.5	45.65	49.7	250,319	29,667,862,465	596,907,594	9.74
9	52	47.7	50.22	157,473	17,509,058,881	348,637,130	5.69
10	51	48	49.31	141,028	13,448,558,702	272,706,044	4.45
11	49.05	45.95	47.72	210,695	14,392,269,075	301,543,103	4.92
12	48.25	46	47.18	115,914	10,621,942,851	225,112,583	3.67

資料來源：證券交易所

　　從圖表4-3-9可以發現，台泥在2021年4月中之後，當沖比率由先前的個位數，快速增加到2成以上甚至3成，股價50元以上區間每日借券賣出經常在萬張以上，其實這就是可轉債常用的手法：「借券賣出＋當沖拉抬股價」，樂觀的散戶看到股價天天漲，開心地進場追，殊不知可轉債的大戲正上演到高潮。

　　你會說：「股價高了，持有可轉債的人趁機轉換賺取價差合理呀！」我會反問你，難不成2023年才到期的可轉債，持有人竟然知道2022～2023年不會漲更高，到時再來轉換可以賺更多？何以眾多可轉債這麼一致地在此時轉換？你會問我，究竟可轉債此時轉換能賺多少呢？

　　依照台泥公告資料，2021年4月轉換價格為31.93元，也就是每單位可轉債可轉換約3,131股，若以2021年4月成交均價52.17元計算，每單位可轉債價值達到163元，以票面價100元計算（當時發行以面額100%發行），則持有可轉債者可獲利63%，僅持有3年換算年化報酬率驚人。

　　至於海外可轉債要如何查詢呢？可以到公開資訊觀測站（mops.twse.com.tw）查詢，在首頁的「彙總報表」下

看穿市場鬼故事 買到銅板好股

圖表 4-3-9	台泥（1101）當沖借券整合資訊			
資料日期	占個股總成交比率（%）	借券融券賣出數量股數	借券餘額數量股數	收盤價（元）
2021/4/1	5.39	1,482,000	218,476,000	46.7
2021/4/6	6.5	5,703,000	207,431,000	46.85
2021/4/7	7.49	2,375,000	208,806,000	46.8
2021/4/8	2.58	1,669,000	209,873,000	46.9
2021/4/12	8.46	1,667,000	220,470,000	46.85
2021/4/13	11.53	763,000	219,086,000	47.2
2021/4/14	8.64	661,000	222,443,000	47
2021/4/15	12.65	1,378,000	225,698,000	47.9
2021/4/16	10.9	1,911,000	207,121,000	49
2021/4/19	11.11	7,785,000	191,858,000	50.4
2021/4/20	22.82	8,630,000	208,592,000	52
2021/4/21	26.8	9,826,000	209,174,000	55.7
2021/4/23	22.78	10,479,000	227,091,000	53
2021/4/26	21.49	11,640,000	217,300,000	53.1
2021/4/27	7.4	8,306,000	232,201,000	52.7
2021/4/28	12.93	8,939,000	232,732,000	53.2
2021/5/3	14.34	9,766,000	273,752,000	51.2
2021/5/4	22.07	14,988,000	274,276,000	50.2
2021/5/5	21.48	15,070,000	283,863,000	50.8
2021/5/6	18.32	4,231,000	282,681,000	53
2021/5/7	19.63	11,994,000	282,909,000	52.3
2021/5/10	15.5	3,013,000	277,742,000	52.9
2021/5/12	30.22	7,387,000	280,165,000	49.6
2021/5/20	24.08	1,268,000	271,219,000	50.8
2021/5/21	26.32	5,397,000	284,536,000	51.2
2021/5/24	18.54	524,000	277,740,000	51.3
2021/5/25	10.88	1,382,000	275,069,000	51.1
2021/5/26	5.86	9,173,000	290,358,000	50.7
2021/5/27	9.27	15,424,000	296,257,000	50.3
2021/5/28	7.96	2,055,000	294,290,000	50.6

資料來源：算利教官價值投資系統i-stock

拉選單中，依序點選「基本資料➡海外有價證券基本資料彙總表➡海外轉換公司債基本資料查詢」項目，圖表4-3-10是截至2022年9月12日最新仍存續的發行海外公司債明細。

前面說了一些故事，你肯定會問我，是不是發行可轉債的公司一定不是好公司？基本上我認為發行可轉債對上

圖表 4-3-10　上市櫃公司發行海外公司債明細	
市場別：上市公司	
股票代號	公司名稱
1101	台灣水泥股份有限公司
1102	亞洲水泥股份有限公司
2303	聯華電子股份有限公司
2317	鴻海精密工業股份有限公司
2327	國巨股份有限公司
3665	貿聯控股(BizLink Holding Inc.)
4958	臻鼎科技控股股份有限公司
6269	台郡科技股份有限公司
8039	台虹科技股份有限公司
市場別：上櫃公司	
3105	穩懋半導體股份有限公司
6488	環球晶圓股份有限公司

資料來源：公開資訊觀測站，2022/9/12。

市櫃公司是一個合法籌資的管道，但是也發現有些公司發行可轉債上癮了，其實可轉債轉換成普通股的過程，就是現金增資的一種行為，只不過通常是被「樂觀」的散戶買走了，也就是樂觀的散戶參與了現金增資。

這個過程產生的資本公積以後還可以拿來分配給所有股東，尤有甚者，發行可轉債時採用詢價圈購或者私募可轉債，最後，就是特定人持有可轉換公司債，獲取巨額利益。

所以提醒各位，若想參與可轉債的金錢遊戲，千萬別在樂觀時進場買進普通股，至少要用5年平均EPS回推股價較為適宜，不要在近5年平均價格以上買進，此外，最好是在貼近票面價買進可轉債，如此不但可以參與普通股的飆漲行情，即使向下也有保底保障，當然這是公司不倒閉的前提下。

66 Note ··

99

229

股價小於每股淨值
當心你搶到地雷股

> 若現金占資產比重過高,一旦股價低於每股現金,套利者與大股東必定會毫不猶豫買進賺取利益。然而套用在金麗-KY上,搶買散戶多過大股東,莫非有什麼問題呢?

在投資市場中,選股有許多參考指標,比如以每股淨值選股就是一種方式,運用這個指標的考量主要是當股價低於每股淨值時,通常代表你買便宜了,這在生活中就像是否要繼承遺產稅,得考慮你繼承的遺產淨額,以及因為繼承所要付出的稅負等成本,何者較高,如果繼承的淨額大於付出的稅負成本,自然就會選擇繼承遺產,而不會拋棄繼承。

▶▶▶ ○ P.231

所以當股價小於每股淨值買進就代表你買便宜了，此時進場通常風險較低，但是運用這種方式選股會有一些盲點，我分別來說明。

▶▶▶ 🔍 投資學堂

▶▶▶ 股價和每股淨值的關係

在前面單元有介紹到，一家公司的淨值就是將所有資產減去負債後的價值，也是所謂的「股東權益」；顧名思義，每股淨值的計算公式是：「（總資產－總負債）÷ 在外流通股數」，代表股票每一股擁有的真實價值，通常和股價有所落差。股價是市場交易的價格，是買賣雙方你情我願、彼此合意的價值。

從上面說明可以了解，當每股淨值大於股價，代表買賣的價格小於公司價值，此時買進就是買便宜了，相反的，當每股淨值小於股價，代表股價偏高。每股淨值和股價的關係，就是常聽到的「股價淨值比」，計算公式是股價 ÷ 每股淨值，可以簡單判斷股價合理性：

> 股價淨值比 < 1，代表市價被低估，價格比較便宜。
> 股價淨值比 > 1，代表市價被高估，價格比較高。

用無形資產拉高淨值 讓股價顯得便宜

　　當一家公司的無形資產比重過高，此無形資產價值是否真實就很重要。以淳紳（4529）為例，這家公司在2015年12月31日帳上列報無形資產高達43.25億元（圖表4-4-1），占資產比重高達78%，然而到了2016年12月31日，無形資產僅剩下176萬元，不認真看財報的人就會被蒙在鼓裡。

圖表 4-4-1　　**淳紳（4529）資產負債表摘要**

代 碼	資 產	105年12月31日 金 額	%	104年12月31日 金 額	%
11xx	流動資產	$ 141,751	6	$ 38,751	1
1100	現金及約當現金（附註（六）之1）	39,026	2	31,468	1
1111	透過損益按公允價值衡量之金融資產-流動（附註（六）之2）	32,250	1	－	－
1200	其他應收款	68	－	601	－
1210	其他應收款－關係人（附註（七））	62,688	3	－	－
1220	本期所得稅資產	6	－	17	－
1410	預付款項	6,899	－	6,665	－
1479	其他流動資產-其他	814	－	－	－
15xx	非流動資產	2,185,006	94	5,493,532	99
1523	備供出售金融資產－非流動（附註（六）之3）	14,010	1	93,518	2
1543	以成本衡量之金融資產－非流動（附註（六）之4）	98,217	4	101,500	2
1550	採用權益法之投資（附註（六）之5）	1,443,664	62	－	－
1600	不動產、廠房及設備（附註（六）之6）	277,736	12	798,365	14
1760	投資性不動產淨額（附註（六）之7）	253,762	11	173,458	3
1780	無形資產（附註（六）之8）	1,761	－	4,325,521	78
1920	存出保證金	856	－	1,170	－
1995	其他非流動資產－其他（附註（六）之9）	95,000	4	－	－

資料來源：公開資訊觀測站

　　要怎麼認真看呢？首先這43.25億元的無形資產說明，主要在該公司財務報表附註，以下截取其內容，大家一起來看一下：

1. 本集團為發展電動車產業及提高電動車效能暨增加銷售量提升獲利，使股東利益極大化，於民國104年9月24日經董事會決議通過，以子公司TPHK公司增資128,000仟股取得董事長個人所持有之與全球定位系統設備進行通訊之專利權（簡稱與GPS通訊專利權）計美金128,000仟元，其專利權評價基礎說明如下：

   （1）專利權之評價係依獨立專家之評價結果，該評價方式採收益法，主要假設如下：

   A. 專利權剩餘授權年限為13.42年（民國104年10月至118年2月）。

   B. 使用收益法之折現現金流量分析法。其鑑價方法係推估侵害本專利權的產品，於此專利權授權期間所支付之權利金並減除專利權訴訟成本後之淨現金收入折現。

（2）鑑價報告係由香港羅馬國際評估有限公司（Roma
Group Limited）出具，估價日期為民國104年8月
20日。

（3）有關鑑價報告之各項基本假設彙總如下：

折現率	25.54%
侵權產品於中國之銷售或進口量成長率	3%
收取權利金成功率	15%
收取權利金佔產品售價比率	0.12%～0.21%%
收取權利金期間	民國105年～118年

（4）因採用上述各項之基本假設變動而影響專利權之價值
分析如下：

	增加2%	減少2%
折現率	（美金8,000仟元）	美金9,000仟元
收取權利金成功率	美金17,000仟元	（美金17,000仟元）
侵權產品成長率	美金11,796仟元	（美金10,718仟元）

2.本集團於民國105年3月1日取得羅馬國際評估有限公司
（Roma Group Limited）出具估價日期為民國104年12月31日
之評價報告，評價結果並未顯示上述專利權有減損之跡象。

　　財報說明中，揭露子公司增資向董事長買進全球定位系統的專利權，交易金額為1.28億美元，此專利權期限為2015年10月到2029年2月，我很好奇地去查了專利權文件，文件中只畫了一個圖，圖上是盒子接收衛星訊號，再透過電信網路傳遞出去。咦！從我第一支智慧型手機就有這個功用了耶，而且是實做出來的東西，所以這樣的專利權價值為何？在我寫書的時候這項專利權僅剩7年就會到期了，有何實用價值？

　　跟董事長買個專利權的價格比母公司資本額還高，車卻還沒看到實際銷售，這樣的無形資產卻會讓公司淨值增加，不詳閱財報很容易就誤判。

　　至於2016年無形資產消失，又是運用財務工程的原理，也就是當對子公司持股比率低於50%時，就不用併入合併報表，成為採用權益法投資，好處是再也不需要將無形資產單獨列在財報上，後續年度的財報當然也不會看到無形資產的科目，投資人若是未詳細了解權益法投資公司的來龍去脈，肯定會因為帳面上的高每股淨值數字，而認為股價便宜了，實則這家公司的資產充滿了無形資產。

現金比重過高 股價卻遠低於淨值

　　另外一個案例，從金麗-KY（8429）2022年第2季財報可以看到，這家公司帳上現金占資產比重高達67%，折合台幣48億1,700萬元（圖表4-4-2），負債總額僅占資產10%，歸屬母公司權益總額為64億4,120.3萬元，淨值比率為90%（圖表4-4-3），金麗-KY股本為18億5,747.2萬元，也就是股數為185,747,200股，所以每股淨值歸屬於母公司權益是34.67元（6,441,203,000元÷185,747,200股），而每股現金（每一股可作為研發、償債、購買資產等運用的現金）為25.93元（4,817,700,000元÷185,747,200股）。

　　在資產現金比重如此高的情況下，其實買進這家公司的股票，已經趨近於買進貨幣基金，所以市場交易價格會趨近於每股現金，一旦市場交易價格低於每股現金，假若帳上現金沒什麼問題，市場套利者與大股東必定會毫不猶豫地買進股票賺取利益。然而，金麗-KY在2022年9月2日收盤價為10.1元，不禁讓人內心起了好奇，難不成大股東

圖表 4-4-2 金麗-KY（8429）資產負債表摘要之一

資產	附註	111年X月30日 金額	%	110年12月31日 金額	%	110年6月30日 金額	%
流動資產							
1100 現金及約當現金	六(一)	$ 4,817,700	67	$ 4,750,430	67	$ 4,732,384	67
1136 按攤銷後成本衡量之金融資產一流動	六(二)	1,332,058	19	1,302,813	19	1,294,409	19
1170 應收帳款淨額	六(三)	38,480	1	70,311	1	72,288	1
1210 其他應收款一關係人	七	1,643	-	1,607	-	6,890	-
1220 本期所得稅資產	六(二十一)	1,660	-	1,510	-	6,890	-
130X 存貨	六(四)	10,628	-	17,470	-	12,040	-
1410 預付款項		10,012	-	7,439	-	6,436	-
11XX 流動資產合計		6,212,181	87	6,151,580	87	6,124,447	87
非流動資產							
1600 不動產、廠房及設備	六(五)	13,410	-	15,819	-	18,525	-
1755 使用權資產	六(六)及七	165,082	2	165,029	2	169,230	2
1760 投資性不動產淨額	六(八)	767,121	11	757,925	11	753,255	11
1840 遞延所得稅資產	六(二十一)					88	-
1900 其他非流動資產		5		5		5	
15XX 非流動資產合計		945,618	13	938,778	13	941,103	13
1XXX 資產總計		$ 7,157,799	100	$ 7,090,358	100	$ 7,065,550	100

資料來源：公開資訊觀測站

圖表 4-4-3 金麗-KY（8429）資產負債表摘要之二

	附註	金額	%	金額	%	金額	%
流動負債							
2170 應付帳款		$ 21,828	1	$ 37,306	1	$ 23,988	1
2200 其他應付款	六(九)	88,824	1	81,376	1	90,233	1
2220 其他應付款項一關係人	七	700	-	700	-	2,700	-
2290 本期所得稅負債	六(二十一)	-		426	-	358	-
2280 租賃負債一流動	六(六)及七	3,837	-	3,670	-	3,745	-
21XX 流動負債合計		115,189	2	123,478	2	121,024	2
非流動負債							
2570 遞延所得稅負債	六(二十一)	561,695	8	532,804	7	540,781	8
2580 租賃負債一非流動	六(六)及七	37,684	-	38,754	1	42,365	1
25XX 非流動負債合計		599,379	8	571,558	8	583,146	8
2XXX 負債總計		714,568	10	695,036	10	704,170	10
權益							
歸屬於母公司業主之權益							
股本	六(十一)						
3110 普通股股本		1,857,472	26	1,857,472	26	1,857,472	26
資本公積	六(十二)						
3200 資本公積		1,617,452	22	1,617,452	23	1,617,452	23
保留盈餘	六(十三)						
3320 特別盈餘公積		576,637	8	549,614	8	383,087	6
3350 未分配盈餘		2,835,492	40	2,945,321	41	3,126,379	44
其他權益							
3400 其他權益		(445,850)(	6)	(576,637)(	8)(	625,252)(	9)
31XX 歸屬於母公司業主之權益合計		6,441,203	90	6,393,222	90	6,359,138	90

資料來源：公開資訊觀測站

們都這麼善良,這麼大的套利空間都不想從市場買回,莫
非有什麼考量呢?

　　從近1年集保股權分階異動增減情形(圖表4-4-4)可
以發現,金麗-KY400張以上股東總計減少991,374股,這
些股票反而大部分移動到1張以下的散戶手中,也就是增
加了3,300位存股的零股股東,難不成零股股東看到了金
麗-KY的價值,而大股東們卻看不到其隱含價值?這種時
候,千萬別興沖沖地看到股價低於淨值就搶著買!

圖表 4-4-4	金麗-KY（8429）集保股權區間異動增減情形						
項目	1,000張以上	801～1,000張	601～800張	401～600張	201～400張	101～200張	51～100張	41～50張
變動股數	1,234,333	-84,289	-1,504,983	-636,435	1,748,537	48,340	534,666	-319,928
變動人數	1	0	-2	-2	6	0	8	-7
項目	31～40張	21～30張	16～20張	11～15張	6～10張	1-5張	1張以下	淨變動
變動股數	383,211	-511,168	101,411	-314,427	-518,057	-580,733	419,522	0
變動人數	10	-24	2	-28	-79	-241	3,300	2,94

資料來源:算利教官價值投資系統i-stock,2021/8/27～2022/9/2。

❝ Note ··

❞

想賺取超額報酬
有些道理要刻在心上

> 如果對自己的投資沒有深入了解，聽到小道消息與建議，很容易會影響投資決策。投資是用辛苦賺來的錢，培養理性分析能力，投資路上才能永保安康。

還在大學任職時，2014年3月的某一天，我的長官洪學務長很緊張地跑來跟我說：「剛剛我去銀行，銀行行員跟我說，指數會跌破6,000點耶（當時指數在8,700點）！」他知道我長期投資股票，於是勸我趕快把股票賣了，時隔8年，不但指數沒有跌破6,000點，反而最高還一度站上18,619.61點。

這個例子告訴我們，在投資的道路上，會有人不斷地善意提醒你，並且給你意見，但是，也許銀行行員是跟

你打屁閒聊，找個話題隨便講講，只是說者無心，聽者有意，之後再一傳十、十傳百……如果對自己的投資沒有深入了解，聽到這些小道消息與建議，很容易會影響自己的投資決策。

不想再當賠錢輸家 破除理財盲點

近年來股市屢創新高，於是我的粉絲團進來了很多新朋友，有不少人開宗明義請我介紹好股票給他，甚至還有人想要賣房子，押身家，我總是建議他們，別急著進市場，也不要急著為自己的錢找出口，先大量閱讀相關的投資理財書籍，提升自己的財商知識，這樣才能夠評估自己適合哪一種理財方式。而我自問我自己，為何2007年是我投資的分水嶺，有2個重要因素，分別為銀行利率及投資報酬率。

年輕的時候，我秉持傳統中國人「有土斯有財」的觀念，所以貸款買房子，只要有多餘的錢就拿去提前還房貸，房貸繳完以後，繼續貸款買房子。

　　直到買了第3間以後，發覺房價越來越高了，以前第1間在台北買的房子，1坪才花了我約14萬元，可是現在同區域新成屋每坪已經高達50萬元，假設買進30坪的房子，要花掉1,500萬元，以利率1.8%、20年期的貸款而言，若全額貸款1,500萬元，每月要繳交8萬5,000元左右，第1年每月光利息錢就超過了2萬元。

　　也就是說，如果你現在買間新房子出租給人，至少也得月收2萬元以上的租金才划算，況且這還不算本金！但是又有多少人可以1個月拿出2萬跟你租房子呢？所以現在買新房來出租的投資報酬率，實質上比投資股票還要低，所以我就放棄繼續買房了。

　　但是把錢放在股票投資，也不是人人都賺錢，或者套句市場的「82法則」——有80%以上的投資人，最終都會賠錢出場。

　　在股市想要有超額報酬，該怎麼做呢？在十幾年的投資生涯中，我所接觸到的投資人往往有一些的迷思，這裡就分享給大家。

迷思 1：太過重視月營收增減

　　月營收的增減一般來說與獲利呈現相關連動，但是，如果你以為這是絕對，很容易落入市場的圈套，前面已經講過〈財報空窗期 別急著追月營收報告〉，這裡再舉一個例子。

　　常見的新聞手法是告訴你公司營收大增，讓投資人以為獲利勢必爆發，以我手裡的一檔個股大豐電（6184）最為經典。2015年1月，財經媒體發布大豐電營收大增98.8%，讓投資人以為撿到鑽石，事實上，是因為2014年12月1日大豐電買下轉投資的台灣數位寬頻有線電視這家公司所有股權，所以自12月1日將營收併入合併營收（圖表4-5-1）。

　　台灣數位寬頻本來就是台灣大的金雞母，併入大豐電合併報表後，股本增加近1倍，營收增加1倍也是正常的，於是很多投資人隨著跨區經營的利多消息進場，大豐電股價攀到61.2元的高點。事實上，在2015年大豐電獲利因為跨區經營的殺價競爭，逐季衰退，但是投資人只看到營收增加就勇敢追價，隨後2015年第1季財報揭露，可以看到

看穿市場鬼故事 買到銅板好股

大豐電單季營收年增92.11%，EPS卻僅成長9.85%（圖表4-5-2）。

　　所以看到市場一家公司營收增加的消息，你應該先去確認營收增加的原因，是否和股本增加、取得轉投資公司

圖表 4-5-1　**大豐電（6184）2015年第1季財務報表附註**

2.列入合併財務報告之子公司：

投資公司名稱	子公司名稱	業務性質	104年3月31日	103年12月31日	103年3月31日
			所持股權百分比		
大豐有線電視股份有限公司	大大寬頻股份有限公司（註1）	第二類電信事業等業務	100.00%	100.00%	100.00%
大豐有線電視股份有限公司	大大數位網路股份有限公司	電纜安裝工程、管理顧問、一般廣告服務等業務	42.76%	42.76%	42.76%
大豐有線電視股份有限公司	台灣數位寬頻有線電視股份有限公司（註2）	有線電視系統經營業等業務	100.00%	100.00%	–
大大數位網路股份有限公司	大台北有線電視股份有限公司（註3）	有線電視系統經營業	100.00%	100.00%	–
大大數位網路股份有限公司	新高雄有線電視股份有限公司（註4）	有線電視系統經營業	100.00%	100.00%	–
大大數位網路股份有限公司	籌備處(註5)	(註5)	100.00%	–	–
台灣數位寬頻有線電視股份有限公司	大大數位網路股份有限公司	電纜安裝工程、管理顧問、一般廣告服務等業務	26.00%	26.00%	–

資料來源：公開資訊觀測站

控制力而納入合併報表等因素有關，這些都可以從財務報表附註或者公開資訊觀測站查詢。

図表 4-5-2 　　**大豐電（6184）2015年第1季綜合損益表**

單位：新台幣仟元
（除每股盈餘為新台幣元外）

項目	附註	104 年 1 月 31 日 金 額	%	103 年 1 月 31 日 金 額	%
4000 營業收入	六(十九)及七	$ 409,350	100	$ 213,080	100
5000 營業成本	六(七)(八)(十五)(十八)(二十三)(二十四)及七	(175,148)	(43)	(92,234)	(43)
5900 營業毛利		234,202	57	120,846	57
營業費用	六(七)(八)(十五)(十八)(二十三)(二十四)及七				
6100 推銷費用		(42,007)	(10)	(19,233)	(9)
6200 管理費用		(49,000)	(12)	(30,677)	(15)
6000 營業費用合計		(91,007)	(22)	(49,910)	(24)
6900 營業利益		143,195	35	70,936	33
營業外收入及支出					
7010 其他收入		5,110	1	4,481	2
7020 其他利益及損失	六(二)(十)(二十一)	(8,875)	(2)	(6,251)	(3)
7050 財務成本	六(二十二)	(12,383)	(3)	(6,962)	(3)
7060 採用權益法認列之關聯企業及合資損益之份額	六(六)	-	-	10,572	5
7000 營業外收入及支出合計		(16,148)	(4)	1,840	1
7900 稅前淨利		127,047	31	72,776	34
7950 所得稅費用	六(二十五)	(27,714)	(7)	(12,753)	(6)
8200 本期淨利		$ 99,333	24	$ 60,023	28
其他綜合損益(淨額) 後續可能重分類至損益之項目					
8362 備供出售金融資產未實現評價損益		$ 4,427	1	$ -	-
8370 採用權益法認列關聯企業及合資之其他綜合損益之份額-可能重分類至損益之項目		-	-	(1,300)	-
8300 本期其他綜合利益(損失)之稅後淨額		$ 4,427	1	($ 1,300)	-
8500 本期綜合利益總額		$ 103,760	25	$ 58,723	28
淨利(損)歸屬於：					
8610 母公司業主		$ 101,721	25	$ 59,771	28
8620 非控制權益		(2,388)	(1)	252	
		$ 99,333	24	$ 60,023	28
綜合損益總額歸屬於：					
8710 母公司業主		$ 104,765	25	$ 58,471	28
8720 非控制權益		(1,005)		252	
		$ 103,760	25	$ 58,723	28
基本每股盈餘					
9750 基本每股盈餘合計	六(二十六)	$ 0.78		$ 0.71	
稀釋每股盈餘					
9850 稀釋每股盈餘合計	六(二十六)	$ 0.70		$ 0.64	

資料來源：公開資訊觀測站

迷思 2：市場具獨占性可隨意漲價

很多人以為製造商在市場具有一定的市占率可以任意漲價，想賺多少就賺多少，這是不了解貿易商在市場的角色與運作機制，好比2015年11月國內高麗菜價格，在零售市場大漲到1顆200～300元之譜，於是貿易商就從東南亞地區進口高麗菜來台販售。只要加上運費跟關稅等相關費用還有利可圖，貿易商自然會跳出來賺取這個利潤。

有人說，大統益（1232）沙拉油市占率位居全國第一，可以完全轉嫁成本給消費者，那麼，你知道美國是全球最大的黃豆生產地，依據比較利益原則，美國製造出來的沙拉油成本將更為低廉，一樣容量的沙拉油，美國出口到中國的零售價格只需要台灣本地製造的三分之一，只要市場價差能夠讓貿易商進口還能有利可圖，貿易商就會設法進口販售。

這就是貿易商具備「調節市場價格」的功能，另外，產品會有替代性效果，比如大豆油一旦變貴，家庭為了省錢就會選擇橄欖油等其他較便宜的商品，不見得需要跟商

業用戶去搶昂貴的大豆油。

2022年歐洲天然氣危機、美國加州電網危機，都促使各國重新啟用燃煤電廠或是延長核電廠運轉年限，燃煤價格因為能源替代性效果大漲，太陽能產業開始從谷底翻身，羽絨衣大廠也因為冬天保暖需求而訂單大增，這些都是商品的替代效果。所以，當我們在思考商品是不是有獨占性時，請先思考有無替代性產品，這樣較為適切。

迷思 3：成交量太小的股票不好

如果是短線投資者，成交量也許是必要的選股條件，可是當你決定長期持有一家公司的股票，你決定買進的條件應該是「在好的價格，買進一家好公司的股票」，那麼，何必在乎這檔股票的成交量，而且所謂的成交量低，其實有時候也代表賣方惜售，買方又不願意提高價格買罷了，就是買賣雙方價格不合意而已。

有人說成交量太小的股票要賣時不好賣，我認為這並不正確，成交量高的股票若是發生重大經濟事件，持有股

票的人多，反而賣股的人多到人踩人，鎖跌停板你一樣賣不出去，所以重點還是投資標的的體質是否穩健，而非以成交量來判斷是否值得投資。

迷思4：公司獲利衰退立即認賠

做過生意的人應該都有深刻體會，只要這個行業有超額利潤，市場上就會有很多人抱著錢跳進來一起賺，近20年來出現好幾個經典的「一窩蜂」行業，例如保齡球館、加油站、葡式蛋塔、夾娃娃機店……20年前保齡球館蜂湧設立，我經常跟同事去屏東內埔打保齡球，當時在屏東內埔同時有3間保齡球館，在激烈競爭的狀況下，1局只要15元，憑軍人身分證每局再少5元。

所以每次跟同事去都是一人一個球道，每個人打10局，打到手指頭都腫了起來，在過度競爭的狀況下，財務體質不佳者會因為虧損陸續退出市場，於是在市場上生存下來的廠商，就重新擁有定價能力，2022年時大魯閣（1432）保齡球館價格已經來到約每局70～120元。

圖表 4-5-3　大魯閣（1432）近20年股價走勢

資料來源：CMoney法人投資決策系統，2002～2022年。

　　所以當一家公司獲利衰退時，你應該評估其所處產業是否已經被取代而永久衰退，如果只是短暫現象，應該考慮的是如何在低檔加碼，未來景氣循環時，會擁有不錯的報酬。

　　2020年全球疫情爆發，造就了醫療器材、3C跟航運等產業的榮景，在供給小於需求時，很多廠商紛紛改生產口罩，3C產業怕無法應付訂單（因居家遠距上班上課，產生一波3C產品需求），紛紛超額訂貨，海運因為一艘船運到美國就可以淨賺一艘船，獲利是睡覺都會笑的程度，於是海運公司紛紛造船。

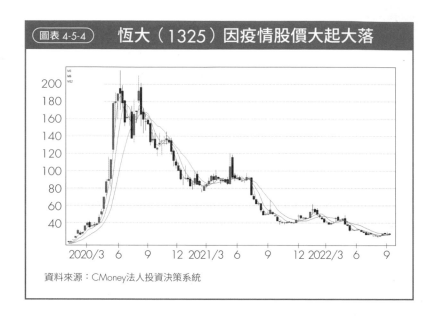

圖表 4-5-4　恆大（1325）因疫情股價大起大落

資料來源：CMoney法人投資決策系統

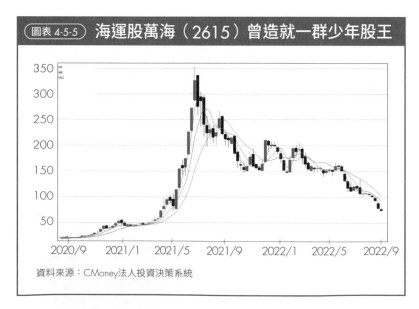

圖表 4-5-5　海運股萬海（2615）曾造就一群少年股王

資料來源：CMoney法人投資決策系統

　　然而，到了2022年我們也見到了這些產業獲利衰退，股價腰斬，產業開始逆風，迎接下一個景氣循環的開始。

掌握科技脈動 抓住獲利先機

　　除了破除上述迷思之外，我認為投資人應該要了解科技變化對投資標的的影響。在還沒有智慧型手機前，無敵（8201）生產的電子翻譯機，許多學生人手一台，在2008年之前，我經常得處理學生電子翻譯機失竊的事情，因為學生放學後都把它放在抽屜，宵小晚上翻牆進教室搜刮，一台翻譯機價格當時約1萬元，不算便宜。

　　可是當智慧型手機跟行動網路普及後，Google線上免費全文翻譯，幾乎完全取代了電子翻譯機，於是無敵本業現在年年虧損，這個產業我認為很難再爬起來了。這代表了一件事，只要智慧型手機App功能可以取代的東西，未來都會消失（除非你是專業人員，需使用專用設備）。

　　現在連第四台也因為很多人用手機App追劇，以及改用電視盒（也是內置Android系統），以至於有線電視收視

戶漸漸減少，有線電視公司不得不轉由以光纖寬頻上網服務為主軸，以彌補收視戶的衰退，從這點可以看得出來，未來所有的內容產業都可能式微，網際網路的特性會串聯全球節目，電信公司跟第四台的重心都會放在數據與加值服務，收數據的費用了。

　　投資是用自己辛苦賺來的錢，你可以努力工作，將賺來的錢審慎投資，培養自己理性的分析能力，投資路上才能永保安康。

Note ···

富爸爸賣股
該跟著下車嗎?

> 散戶很容易看到利多就進場追價,壓根不知道股價、獲利暴漲的背後,財報早就出問題。當大股東大量賣出持股時,可能就是一種警訊。

當大股東大量賣出手中持股時,投資人要跟著下車嗎?有時候還真是不得不聰明一點,趕快跟著跑就對了。

首先說明背景,來了解一下美律(2439)跟康控-KY(4943)的關係,依據2017年4月25日康控-KY年報前10大股東相互關係表(圖表4-6-1)可以了解,美律持有康控-KY股票15,804,644股。

2017年美律股價最低出現在1月9日的117.5元,最

高在8月2日盤中上漲到255元；而2017年康控-KY股價則由1月5日最低的59.8元，上漲到12月4日盤中最高624元，看似完全獨立的事件，其實關係密切，而且還是跟可轉債有關。

圖表 4-6-1　康控-KY（4943）前10大股東關係表		
姓名	本人持有股份	
	股數	持股比率（%）
Monster Holding Co.,Ltd 負責人：呂朝勝	22,258,269 130,100	22.33 0.13
AGI Holding Co., Ltd. 負責人：李國基	15,991,424 603,165	16.04 0.61
美律實業股份有限公司 負責人：廖祿立	15,804,644	15.86
中國信託商業銀行受託保管GH亞洲有限公司投資專戶 負責人：區大中	3,959,241	3.97
英屬維京群島商CAI Asia Ltd. 負責人：陳明信	3,519,562	3.53
花旗（台灣)商業銀行受託保管英屬蓋曼群島商集富亞洲科技第六基金公司投資專戶 負責人：管國霖	3,335,000	3.35
賴世家	1,794,264	1.8
謝雅惠	1,362,610	1.37
林揮斑	1,292,733	1.3
中國信託商業銀行受託保管芙迪克薩摩亞有限公司投資專戶 負責人：王鏡清	1,194,016	1.2

資料來源：公開資訊觀測站

處分利益賺更多 大股東賣出持股

美律在2015年1月29日發行15億元的可轉債美律一（24391），到期日是2018年1月29日。從轉換價格變動表（圖表4-6-2）可以了解，美律發行時轉換價格是125元，也就是在到期日前，美律普通股市價超過125元以上，可轉債持有人可以轉換成股票，美律一到期就無須額外準備現金還債了。

從美律一月餘額明細（圖表4-6-3）可以發現，美律一在2017年2月開始出現大幅轉換，當月餘額為12億7,090萬元，到了3月僅剩下6億9,550萬元，2018年1月到期時全數轉換完畢。

不過，2017年2月雖然美律成交股數跟週轉率都創下新高，但是由於還有6億9,550萬元可轉債尚未轉換，所以股價自2月起持續維持向上成長趨勢，可轉債亦逐月大量轉換，然而美律股價在轉換到期當月，已經從最高255元跌到164元。

至於為何2017年2月美律股價開始大漲？從第1季財報

圖表 4-6-2	美律一（24391）轉換價格變動				
代號	簡稱	類型	轉換價格（元）	轉換股數	重設日期
24391	美律一	掛牌	125	800	2015/1/29
24391	美律一	反稀釋	116.1	861	2015/7/18
24391	美律一	反稀釋	110.9	901	2016/8/13
24391	美律一	反稀釋	105.7	946	2017/7/17

資料來源：公開資訊觀測站

圖表 4-6-3	美律一（24391）月餘額明細		
發行日期：**2015年1月29日**　到期日期：**2018年1月29日**　發行總額：**15億元**　票面利率：**0**			
資料日期	月底餘額	資料日期	月底餘額
2015/1～2016/9	1,500,000,000	2017/6	310,800,000
2016/10	1,496,100,000	2017/7	251,900,000
2016/11	1,496,100,000	2017/8	90,700,000
2016/12	1,496,100,000	2017/9	35,500,000
2017/1	1,496,100,000	2017/10	30,000,000
2017/2	1,270,900,000	2017/11	21,600,000
2017/3	695,500,000	2017/12	14,900,000
2017/4	631,200,000	2018/1	0
2017/5	631,200,000		

資料來源：算利教官價值投資系統i-stock

可以看出，因為營收翻倍，美律EPS從2016年第1季0.21元成長到2017年的1.74元，營收跟獲利大幅成長自然容易反映在股價上，想當然耳，此時也是可轉債持有人利用的

好時機。

2017年2月美律一轉換價格為110.9元，每張可轉換普通股901股，以當月美律平均股價139.37元計算，每張可轉債價值為125,572元。

換句話說，買進美律一持有2年到2017年2月獲利達到25%，隨著美律股價持續上漲，以2017年8月平均股價241.51元、轉換價格調降為105.7元計算，1張美律一可轉換946股，每張可轉債價值為22萬8,468元，可轉債持有人此時獲利超過128%，8月底可轉債餘額僅剩下9,070萬元，正常而言股價應該會迅速下跌，但美律股價仍然維持高檔。

2017年9月開始，美律陸續處分康控-KY股票，依據公開資訊觀測站公告資訊，5次公告處分共計5,894,876股，處分利益高達19億9,776.3萬元（圖表4-6-4），以美律股本約20億元計算，這個處分利益就約貢獻1個股本，而2017年康控-KY本期淨利歸屬於母公司僅約10億元，也就是「富爸爸」此時賣股賺更多，因此讓美律股價維持高檔到美律一全數轉換完。

獲利成長個股 可轉債更容易操作

依據美律公告推算，美律取得康控-KY的每股平均成本約59.08元，即使到了2018年4月14日，處分後美律手裡仍有10,500張康控-KY股票，以前面持有成本推算，價值約6.2億元，處分股票賺了近20億元，剩下6.2億成本的股票未出清也是划算。

在美律開始處分康控-KY股票後，2017年11月17日諸多媒體均刊載「外傳康控-KY大股東美律要求降價」的新聞，康控-KY則發布重訊表示，大股東美律要求降價並非屬實，公司與大股東美律並非直接交易客戶……的內容，雖

圖表 4-6-4	美律（2439）處分康控-KY股票明細			
處分區間	處分平均價格（元）	處分數量（股）	交易總金額（仟元）	處分利益（仟元）
2017/9/7～2017/12/8	429.61	2,090,000	897,884	823,662
2017/12/8～2017/12/19	418.81	890,000	372,741	284,744
2017/12/19～2017/12/25	404.01	1,020,000	412,093	347,305
2017/12/25～2018/1/3	398.80	818,000	326,222	274,326
2018/1/4～2018/1/11	313.05	1,076,876	337,114	267,726
總計		5,894,876	2,346,054	1,997,763

資料來源：算利教官整理

教官 財報有問題!
看穿市場鬼故事 買到銅板好股

然澄清了不是美律要求降價，但是從美律持續賣股動作來看，至少美律認為康控-KY股價已經算是高點了。

康控-KY在2017年12月創下624元高點後，週轉率、成交股數、成交金額均創下新高（圖表4-6-5），隨即在2018年1月股價腰斬，2021年第3季康控-KY重訊，說明康控-KY因產品品質及責任歸屬與客戶認知有差距，應收帳

年/月	最高價	最低價	加權 （A/B）平均價	成交 筆數	成交金額 （A）	成交股數（B）	週轉率 （％）
2017/1	82	59.8	72.71	12,124	1,287,871,711	17,710,412	19.74
2017/2	97	72.9	84.24	14,520	1,754,317,909	20,824,072	23.22
2017/3	136	84.6	104.24	17,409	2,522,538,150	24,197,702	26.98
2017/4	143.5	115	128.34	31,196	5,169,337,967	40,276,253	44.91
2017/5	141.5	117	129.88	24,687	4,180,737,187	32,187,385	35.89
2017/6	152.5	119.5	137.53	34,443	6,510,505,381	47,336,757	51.52
2017/7	234	142.5	192.95	45,008	11,222,927,090	58,163,511	63.31
2017/8	226.5	175	205.51	41,586	10,775,355,914	52,430,972	56.94
2017/9	232	185.5	212.6	30,842	8,153,304,682	38,348,824	39.66
2017/10	390.5	216	288.71	47,456	16,597,752,790	57,489,091	59.46
2017/11	540	340	432.36	43,391	21,349,660,617	49,378,367	51.07
2017/12	624	355.5	430.24	114,544	57,259,453,263	133,087,039	137.66
2018/1	345.5	257	292.87	90,416	32,524,2018,990	111,050,597	114.87
2018/2	335	236	283.45	43,125	14,907,677,353	52,593,059	54.4

圖表 4-6-5　**2017年康控-KY（4943）月成交資訊**　　單位：元

資料來源：證券交易所

款遲未入帳，基於保守原則在第3季一次認列高達新台幣

26.3億元預期信用減損，導致前3季每股虧損20.13元。

康控-KY重訊

1. 事實發生日：110/11/15
2. 公司名稱：英屬開曼群島商康而富控股股份有限公司
3. 與公司關係（請輸入本公司或子公司）：本公司
4. 相互持股比例：不適用
5. 發生緣由：有關本公司第3季為因應本季違約風險的增加，故依
   照國際財務報導準則第9號的規定必須於本季提列預期信用損失
   26.3億元，說明如下：

一、上述損失發生緣由係因本公司與銷售客戶間存有產品品質或
   責任歸屬等雙方認知上的差距，本公司除持續與客戶溝通協
   商外，但本公司截至目前為止仍認為有全數收取銷售款項之
   權利，故不影響過去各期營收的認列。本公司針對未來的銷
   售活動會加強與客戶間的溝通，並以雙方溝通後的結果合理
   的認列未來的營業收入。

二、本公司與銷售客戶間存有雙方認知上的差距，本公司目前正
   與客戶持續協商中，未來會採取一切可能的措施爭取本公司
   股東的最大利益。

探究為什麼康控-KY在2021年第3季財報會爆雷呢？康控-KY在2019年4月2日發行3年期的可轉債康控一（49431），到期日為2022年4月2日，然而發行第4個月即大量轉換9.6億元可轉債（圖表4-6-6），這種轉換速度極為快速與罕見，代表2019年獲利應該非常不錯才是，可是康控-KY在2019年第1～3季EPS分別為-1.33元、1.09元、1.85元，公司虧損股價竟然能大漲，而且可轉債全數轉換，原因何在？

這是因為市場上有一批人喜歡用營收成長比來推算股價，這類股票很容易有高本益比估值，所以在可轉債操作上，獲利呈現成長的個股會比獲利平穩的個股讓市場主力好操作。

不懂財報 只好成為待宰羔羊

來看看康控-KY的財務報表附註（圖表4-6-7），在應收帳款部分2019年12月31日高達42.16億元，2020年12月31日應收帳款高達39.35億元。

圖表 4-6-6　康控一（49431）月餘額明細

發行日期：**2019年4月2日**　到期日期：**2022年4月2日**　發行總額：**15億元**　票面利率：**0**

資料日期	月底餘額	資料日期	月底餘額
2019/3	1,500,000,000	2020/1	36,200,000
2019/4	1,500,000,000	2020/2	34,600,000
2019/5	1,500,000,000	2020/3	34,400,000
2019/6	1,500,000,000	2020/4	34,400,000
2019/7	540,400,000	2020/5	34,400,000
2019/8	470,900,000	2020/6	34,400,000
2019/9	195,400,000	2020/7	32,400,000
2019/10	127,000,000	2020/8	31,100,000
2019/11	58,400,000	2020/9	30,600,000
2019/12	47,500,000	202010	0

資料來源：算利教官價值投資系統i-stock

　　此外，2019、2020年康控-KY的營業收入分別為51.24億元跟43億元（圖表4-6-8），應收帳款占營收比率竟然高達82.28%及91.51%！

　　請你自己想想，做生意竟然有8成以上的錢沒收回來，這生意到底要怎麼做？最終錢會不會收回來呢？2019年第2季康控-KY開始轉虧為盈，導致15億元可轉債大幅被轉換，到底誰持有這些可轉債呢？

圖表 4-6-7　2020年康控-KYＫ（4943）財務報表附註

（五）應收票據及帳款

	109年12月31日	108年12月31日
應收票據	$ 98,747	$ 162,291
減：應收票據貼現	(74,203)	(122,962)
	$ 24,544	$ 39,329
應收帳款	$ 3,935,639	$ 4,216,097
減：備抵損失	(58,191)	(27,302)
	$ 3,877,448	$ 4,188,795

資料來源：公開資訊觀測站

圖表 4-6-8　2020年康控-Ｋ（4943）損益表摘要

項目	附註	109 年度 金額	%	108 年度 金額	%
4000　營業收入	六(二十四)	$ 4,304,546	100	$ 5,124,518	100
5000　營業成本	六(七)(二十九)	(3,233,168)	(75)	(3,472,594)	(68)
5950　營業毛利淨額		1,071,378	25	1,651,924	32
營業費用	六(二十九)				
6100　推銷費用		(102,301)	(2)	(107,965)	(2)
6200　管理費用		(408,785)	(10)	(390,898)	(8)
6300　研究發展費用		(568,827)	(13)	(589,218)	(11)
6450　預期信用減損損失	十二(二)	(29,997)	(1)	(14,312)	-
6000　營業費用合計		(1,109,910)	(26)	(1,102,393)	(21)
6900　營業(損失)利益		(38,532)	(1)	549,531	11

資料來源：公開資訊觀測站

　　結果康控-KY在2021年第3季財報發布時，同時公告重訊，說明因應本季違約風險增加，故依照國際財務報導準則第9號規定，必須提列預期信用損失26.3億元，看到這個重訊我又笑了，查閱2021年前3季康控-KY財報，營業收入總額才23.39億元，2020年全年營收也才43億元，這不就代表這7個季度總營收66.39億元，康控-KY就有26.3億元收不回來，高達39.61%為呆帳。

　　況且如前面所述，2019年跟2020年應收帳款介於39億～42億元之間，可轉債轉換期成長的營收，有多少比率在這次認列呆帳呢？

　　在美律處分康控-KY持股期間（2017年9月7日到2018年1月11日），由集保股權分階異動情形可見（圖表4-6-9、圖表4-6-10），右側散戶均大幅增加，也就是散戶看到利多仍然持續進場追股價，壓根不知道美律可轉債即將轉換完畢，而康控-KY股價暴漲、獲利與殺價新聞是否真實，仍有疑慮，最終想必這些散戶不少還套在山頂上。

圖表 4-6-9	美律賣股期間 康控-KY分階集保股權異動情形							
項目	1,000張以上	801~1,000張	601~800張	401~600張	201~400張	101~200張	51~100張	41~50張
變動股數	462,756	4,409,220	-1,267,731	1,989,828	-935,885	-1,004,549	381,653	-146,300
變動人數	-1	5	-2	4	-3	-8	9	-3
項目	31~40張	21~30張	16~20張	11~15張	6~10張	1-5張	1張以下	淨變動
變動股數	-802,679	-271,447	-438,721	168,202	410,141	2,060,523	91,411	0
變動人數	-21	-9	-22	16	67	1,170	938	0

資料來源：算利教官價值投資系統i-stock，2017/9/8~2018/1/12（集保中心每週六公告當週交易資訊）。

圖表 4-6-10	美律賣股期間 美律分階集保股權異動情形							
項目	1,000張以上	801~1,000張	601~800張	401~600張	201~400張	101~200張	51~100張	41~50張
變動股數	2,357,788	-6,410,511	-1,324,768	-6,109,305	-1,381,655	-410,899	76,810	83,157
變動人數	-5	-7	-1	-12	-11	-4	-4	2
項目	31~40張	21~30張	16~20張	11~15張	6~10張	1-5張	1張以下	淨變動
變動股數	-161,893	917,798	1,040,709	1,105,924	3,208,846	7,622,951	18,588	0
變動人數	-5	35	56	84	411	3,758	-94	0

資料來源：算利教官價值投資系統i-stock，2017/9/8~2018/1/12（集保中心每週六公告當週交易資訊）。

66 Note ....

"

「教官，財報有問題！」──
看穿市場鬼故事 買到銅板好股

作者：楊禮軒

總編輯：張國蓮
責任主編：李文瑜
美術設計：楊雅竹
封面攝影：張家禎

董事長：李岳能
發行：金尉股份有限公司
地址：新北市板橋區文化路一段 268 號 20 樓之 2
傳真：02-2258-5366
讀者信箱：moneyservice@cmoney.com.tw
網址：money.cmoney.tw
客服 Line@：@m22585366

製版印刷：科樂印刷事業股份有限公司
總經銷：聯合發行股份有限公司

初版 1 刷：2022 年 10 月
初版 11 刷：2022 年 12 月

定價：420 元

國家圖書館出版品預行編目 (CIP) 資料

「教官，財報有問題！」: 看穿市場鬼故事 , 買到
銅板好股 / 楊禮軒著 . -- 初版 . -- 新北市 : 金尉
股份有限公司 , 2022.10
ISBN 978-986-06732-6-5 (平裝)
1.CST: 股票投資 2.CST: 投資技術 3.CST: 投資分
析
563.53   111015247

Money錢

Money錢